U0100411

大展好書　好書大展
品嘗好書　冠群可期

大展好書　好書大展

品嘗好書　冠群可期

實用武術技擊：1

實用自衛拳法

溫佐惠　編著

大展出版社有限公司

前 言

正義戰勝邪惡，靠的是大智大勇；好人懲治惡徒，離不開克敵之術。如何學得真功夫，細閱本書，您會大有收穫。

《實用自衛拳法》一書以十分簡潔、生動的圖文形式，向讀者詳細介紹了用於防身自衛的幾十種招術。其中，既有一招一式的攻防技法，又有環環相扣的組合戰術；既有實用拳法的基本技術，又有應付突然襲擊時的各類破解法。所以，學習、運用、掌握這套實用性很強的自衛防身術，無論對初學者還是對有一定武功基礎的人來說，都是不可或缺的。因為捍衛生命，需要武器。

目　錄

第  章

拳法概說

實用拳法是武術徒手搏擊術，是中國武術攻防格鬥技術的一種形式。它有悠久的歷史和廣泛的群眾基礎，是人類在與大自然作鬥爭中產生，並伴隨古代軍事技能的發展而逐漸形成的搏鬥運動。

　　實用拳法發展到今天，經歷了以下幾個階段：

　　一、商周時代，劇烈的軍事鬥爭促進了攻防技術的提高和發展。《詩經・小雅・巧言》記載：「無拳無勇，職為亂階。」說明在當時是非常鼓勵有拳有勇的。

　　二、春秋戰國時期，「相搏」已較普遍，攻防格鬥技術被人們所重視。為了使武藝得以交流，每年春秋兩季，天下武藝高手都要雲集在一起進行較量。

　　《管子・七法》記述了當時的情景：「春秋角試……收天下之豪傑，有天下之駿雄。」角試時，「舉之如飛鳥，動之如雷電，發之如風雨，莫當其前，莫害之後，獨出獨入，莫敢禁圉。」描述武藝高強者在較技中動作敏捷似飛鳥，勇猛像雷電，發招時像急風驟雨，在他面前不能抵擋，在他後面也沒法下手。單獨較技時，也休想把他圍住。《孫子兵法》中記載：「搏刺強士體。」可見，當時提倡士兵經常練習搏鬥技術，可以增強士兵的體質。

　　三、在秦漢時，叫手搏，有了較正規的比賽形式，武術攻防格鬥技術有了很大的發展，出現了「角抵」「手搏」。漢代手搏也叫「弁」「卞」。四川新都出土的漢畫磚及河南密具東漢墓室壁畫中都有「手搏」對峙的形象，透過比武較量發展技藝。

　　四、唐代擂臺競技更加廣泛，手搏、角抵備受重視，比賽幾乎形成制度。唐代韋肇在《駕幸明樓試武藝絕倫賦序》

中記敘了在散打比賽開始時雙方「拜首稽首，足足蹈蹈」，以及比賽中「左旋右抽，擢兩肩於敏手，奮髯增氣，示眾目以餘威」的生動形象。

　　五、宋代手搏作為強身、活動筋骨的主要手段在民間廣為流行。在京城護國寺南高峰搭起獻臺（擂臺），各道郡膂力高者都來較量。規定較藝中不准：「揪住短兒」、「拽起袴兒」。可以「拽直拳」、「使橫拳」、「使腳剪」，說明宋代較藝者在交手中運用的主要拳法是沖拳、貫拳。

　　六、元明時期，徒手較量的技藝仍在發展。明代抗倭名將戚繼光說：「拳法似乎益於大戰之際，然活動手足，貫勤肢體，此為初學入藝之門也。」又說「既學藝，必試敵……」《紀效新書‧拳經提要》中介紹了各種名家之技，如「……山東李半天之腿；鷹爪王之拿；千跌張之跌；張伯敬之打……」等，意即李半天善於用腿擊打，鷹爪王善用各種擒拿，千跌張善跌善用摔法，張伯敬善於用拳短打。

　　七、清代出現了不少的民間練武的「社」「館」組織。各館之間經常比武較量，發展武藝，所以「打擂」在民間廣為流傳，諸如節日集會，擂主在公開場合搭上擂臺，迎戰所有來比武的。

　　八、近代武術技擊發展很快，在民間和社會各階層廣泛流傳和運用。因此，實用拳法是中華民族在長期的生活與鬥爭實踐中逐步積累和豐富起來的一項寶貴文化遺產。這說明中華武術實用拳法歷史悠久，博大精深。

　　其武功技藝則以踢、打、摔、拿為精髓，其中的「打」法，包含了拳、掌、指、爪、勾手、腕、臂、肘、肩等各種方式的攻、防擊法，由於武術流派繁多，就拳法而言，少林

主要拳法有沖、劈、撩、貫、崩、栽、砸、橫、抄等;南拳主要拳法有掛、鞭、沖、劈、拋、撞、蓋、釘、貫等;峨眉拳主要拳法有挑、宰、排、砸、鑽、蓋、劈等。雖然打法各家有所不同,但技擊規律和法則卻大同小異。

技擊之道講究的是「一膽」「二力」「三法」「四時機」,凡拳法之實用,必遵此規律,並針對具體情況,靈活多變地使用以下技擊原則:

1.以力打力

借對方擊來之力,引進落實,借發力,則力上加力,產生強有力的攻擊效果,必使對方失去重心而跌倒。拳諺說:「借他千斤力,不費四兩功。」就是指以力打力。

在交手時,對方用大力或猛力擊來,只需閃開其攻擊方向,順對方勁路去向加以小力牽帶,使其繼續順力前傾跌倒。這便是乘他之勢,借他之力反擊於他,正如「順水推舟」一般,以力打力,速戰速決。對手用力越大,勁越足,心越狠,來勢越猛,被巧借打回的力量便越重,敗得越慘,而自己的力量卻用得很小很小。

2.以快攻快

拳諺說:「拳似流量,手似箭。」說明出拳的速度快,如天上流星飛垂,似離弦之箭。在交手中對方快速出手,只需閃開對方來拳,迅速反擊,快速搶攻,就可在快速中抑制對手。

「學拳千招,不如一快。」快:動作快,動作轉換快,移動位置快,拳腳快,防守反攻快。

拳諺云：「眼滑手快，有勝無敵」、「百法有百解，惟快無解。」都是講出手要快速，手快可先擊中對方，先聲奪人。在快上下功夫，才能使自己主動靈活，在快速中贏得取勝的時間，捕捉戰機，攻其不備，克敵制勝。

3.以快打慢

是指以拳快打拳慢的技擊之道。快慢是相對於搏鬥雙方而言，如一方以很快的速度進攻，另一方同時以較之更快的速度反擊，後者反而先擊中前者，這正是拳諺中說的：「眼明手快，有勝無敵。」

在交手中，要突出一個「快」字，要有敏銳的眼力，快而準確地判斷對手的動向，抓住時機迅速進行攻擊，以快制慢，取得勝利。

4.以強制弱

強弱相對而言，拳語云：「逢強智取，遇弱硬拿。」因此，交手中要保持清醒的頭腦，一旦時機成熟就要發揮自己的長處，猛打猛衝，重擊威脅對手，不給對手以喘息的機會，促使其精神、體力處於疲勞狀態，喪失再戰的信心，把對手控制在自己的手裡。

這種以強打弱容易成功，但有時也會上當，當久攻不勝時，弱者也會轉移目標，擺脫對手的進攻。

5.以大治小

交手時，小個子步子移動快，出拳快，連續擊打意識強，往往繞近對手身邊，風暴式連續擊打對方；大個子手長

腿長能拉開距離，不讓對手接近自己，並找準時機發揮自己腿長、臂長的立體空間優勢，用快速沖拳、蓋拳、正蹬腿或側踹腿還擊對方，使其處於被動挨打局面。

但大個子必須防止對方突然繞進，在迎擊或回擊拳腳有效時，應抓住時機再進攻。

6.以短克長

這是善短打者對付善長擊者的戰術。短遇長，「逼」為上。個小為短，力弱為短，拳藝不高為短。短，是個弱點，然而卻並非不能勝長。交手雙方越接近，則長者有弊，短者得利。長者周轉不便，短者可盡意發揮。短勝長，閃而進，躲避對手的鋒芒，換個位置出擊，方能奏效。

此戰術多在繞進對手身邊、拳腳交錯密集進攻時採用，由於短者手腳快，出拳急，在短距離內貼近對方猛打，所以能阻住對方出不了手，使對方「長」的優勢發揮不出來。

7.後發先至

後發先至是在交手時，彼不動，我不動，彼未到，我先到；是說對手技擊動機、襲擊方位、所用招法一暴露，我即做出反應，且要在對方目的未達到之前將其擊倒，這就是後發先至。

這種打法，雖發於人後，卻先於人前，換句話說就是讓對手先發招，我避其銳氣，保全自己，待對手暴露出缺點或弱點時，尋找可乘之機，疾速進擊，殺他個回馬槍。因此，交手中，後撤躲閃不是被動退防，而是固守待進。

8. 以巧取勝

巧在於神思速達，擊法奇巧，善於抓住時機，靈活應變。巧是高超智能、精絕武功和臨敵經驗的綜合表現。

因此拳諺說：「有智贏，無智輸。」智者是指頭腦清醒、思維敏捷，能運用變化莫測、靈活機動的戰術，以巧制勝的招法。

9. 避實擊虛

高手相搏，其法虛中有實，實中有虛，虛虛實實，變換難測。為擊敗對手，保存自己，一定要避其鋒芒，趁虛而實發，不能以實擊實，否則將會造成兩敗俱傷。

所謂避實擊虛是避開對方防守嚴密或不易傷及之處，攻擊對手防範空虛或易擊傷的薄弱要害部位。

10. 一法多用

高手拼搏，武功強弱固然是勝負的最大關鍵，但出手時的判斷是否正確，卻是決定勝負的關鍵。拳語說：「不怕千招會，就怕一招精。」運用自己獨特的一種招法攻擊對手的不同要害部位，能使對手防不勝防。

在交手中，用一成不變的方法進攻對手的同一部位，開始還能奏效，但很快會被對手識破；進攻時一法多變，一法多用，可使對手捉摸不定，難於應付，被動防範。

對手的精力一分散到各個可能受進攻的部位上，就無法集中自己的優勢，而此時我就可以把主要力量集中在突破對手最薄弱的環節上，有效制勝對手。

第　章

2

實用拳法基礎

第一節　實用拳法基本手型

實用拳法的基本手型主要包括拳、掌、指、爪等。通過練習把握打擊時手型的正確姿勢，以免受損。

一、拳　型

（一）長拳型

四指併攏捲握緊，拇指緊壓於食、中指第二指節骨上，拳面平整（圖1）。

【要點】

拳握緊，拳面平，手腕要直。

圖1

（二）螺絲拳

四指捲握，拇指頂扣於食指第一指節骨上拳面呈梯形（圖2）。

【要點】

拳心握實，拳面呈梯形，手腕要直。

圖2

（三）鳳眼拳

四指捲握，拇指頂扣於中指第一指節骨上，惟中指突出拳面（圖3）。

圖3

【要點】

拳握緊，中指突出拳面，手腕要直。

二、掌 型

（一）直 掌

四指伸直併攏，拇指彎曲緊扣於虎口處（圖4）。

【要點】

五指併緊，腕伸直。

（二）立 掌

四指伸直併攏，拇指彎曲緊
扣於虎口處，沉腕，手指向上，
手心向內（圖5）。

【要點】

四指併攏，拇指緊扣於虎
口，腕要沉。

圖4

圖5

（三）瓦楞掌

四指併攏，拇指緊扣，掌心
稍內凹成瓦形（圖6）。

【要點】

四指併攏，掌心內涵。

圖6

三、爪 型

(一)虎 爪

五指第一節張開，第二、三指節骨彎曲，第一節指骨盡量向手背的一面伸張，使掌心凸出（圖7－①、圖7－②）。

【要點】
五指分開，掌心用力凸出。

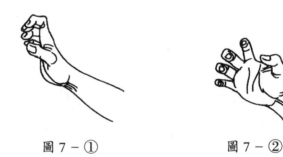

圖7－①   圖7－②

(二)龍 爪

五指稍張開，第二、第三節指骨稍彎曲，腕關節稍向上屈（圖8）。

【要點】
腕稍屈，五指稍張開。

(三)鷹 爪

除拇指外展彎曲外，其餘四指併緊，使第二、三節指骨彎曲，但不得屈攏（圖9）。

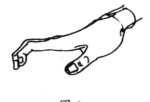

圖8　　　　　　　　　圖9

【要點】

四指併緊，拇指外展彎曲。

第二節　實用拳法的格鬥姿勢

實用拳法的格鬥姿勢是指雙方在交手前的一種既能攻、又能防的攻防兼備的準備姿勢。即交手前的預備式。

這種兩腳前後站立，兩膝微屈，兩手握拳，一拳置於下頦前，一拳置於體前的姿勢，是對抗中的完美姿勢，它有以下特點：

可使身體始終處於強有力狀態；無論進攻、防禦，都不需要事先做任何調整動作；既輕鬆自如，又能保持平衡；既能使全身放鬆，又可在一瞬間做出反應；步法靈活，進攻自如；能給對手造成錯覺或假象，以便隱蔽自己進攻的意圖。

總之，正確的格鬥姿勢，是進攻防守技術的基礎，每個練武愛好者必須首先掌握好其動作要領，並努力使動作正確定型。必須記住，在交手中應始終保持這一姿勢，即使使用了招法，也應迅速恢復到格鬥姿勢。

格鬥姿勢的架式有正架、反架兩種。正架指左腳左拳在

前、右腳右拳在後的格鬥姿
勢；反架則指右腳右拳在前、
左腳左拳在後的格鬥姿勢。

通常採用正架的格鬥姿勢
（圖10）。

一、頭部姿勢

頭略低，豎頸梗脖，下頦
微收，牙齒咬緊，嘴唇閉合，
縮小咽喉的暴露面。眼注視對
手面部、胸部，並掃視對手全
身。

圖 10

二、兩臂姿勢

兩手握拳，拳眼均朝斜上，左拳在前，右拳在後，屈舉
於體前。左臂彎曲，肘關節夾角在 90°～110°之間，左拳與
鼻同高；右臂彎曲，肘關節夾角小於 90°，大小臂緊貼右側
肋部。右拳置於左胸前，略高於下頦部；左拳正對對手。

三、身體姿勢

身體應保持約 45°側對對手，身體重心一般在兩腿間，
也可根據對抗需要變換重心，偏於前腿或偏於後腿。

胸部略含，腹部微收，上體微前傾。頸、肩、軀幹部要
自然放鬆。

四、腳的位置

兩腳前後站立，左腳在前，腳尖稍向裡扣，右腳在後，腳尖略外展，右腳跟虛離地面。兩腳之間的距離略寬於肩，兩腿膝關節微屈，身體重心落於兩腿間。

【要點】

身體側對前方，沉肩垂肘，兩拳緊護軀體，兩拳成線正對對手。下盤姿勢不可太低，暴露給對手打擊的部位應盡量縮小。

反架格鬥要根據個人的習慣，如善於用右拳、右腿攻擊的可選正架，相反可選反架。架式在實戰應用中並非一成不變，可根據戰術需要改變架式，用以破壞對手的習慣進攻或防守方法，進而達到攻擊對手的目的。

正、反架式的變化均應在架式規範、定型的前提下。因此平時的練習中除選用習慣架式外，另一架式也應進行操練，以有利於格鬥中靈活應變。

第三節　實用拳法的基本步法

步法在對抗中是配合各種打法、踢法、摔法等在進攻、防守、反攻中攻擊對方的有效方法。它是尋找與對方保持最適合自己距離，調節實戰位置與角度進攻對方，使自己處於最佳位置，或是有利於破壞對手的進攻與防守技術的實施而進行腳步移動的方法。

步法在運用中要求穩健、快速、靈活，否則反而受制於

人。步法的移動要求規範化，在各種步法移動中要始終使上體保持自然的格鬥姿勢。

整個步法移動過程的重心軌跡要平穩，不論步幅大小，進或退，單步或連步，身體都不能上下起伏。

步法不僅可以進行閃電般的進擊或退離，而且可以為自己的進攻製造假象，使對手產生錯覺和判斷失誤，並可使用步法引誘對手發起攻擊，造成反擊的機會，也可破壞對手的戰術意圖，使其無法實施攻防戰術技術。

步法在對抗中是非常重要的，因為雙方在對抗中的步法總在不斷變化，只有快速移動腳步，不失時機地搶佔有利位置和進攻角度，才能達到有效進攻和防守的目的。快速靈活的步法有助於迅速出拳起腳，如果腳下移動慢了，手的動作也就慢了，故拳諺有「步慢，則拳亂」的說法。

雙方在格鬥中無論是進攻、防守，還是做虛晃假動作和保持體力，都要依靠移步；與對方之間的距離準確與否，也將取決於移步和步法技巧的掌握程度。

拳諺有「勝在進步佔勢，不敗在退步避鋒」的說法。運用步法的策略，就是要用自己的步法去迷惑對手的步法，在進攻或防守時，要隨對手移步的情況來調整自己步幅的大小，並尋找出拳機會；要不斷地變換距離和節奏，以擾亂對手對進攻或防守的準備，使其處於被動狀態。

正確運用步法能使身體重心保持平穩，輕巧迅速地移動，能夠有力地發起攻擊和避免對手的進攻。

步法掌握好了，便於自己進行任何方式的拳打腳踢，同時又做了反攻的準備，使自己處於進攻和防禦的最佳位置。因此，步法必須根據距離的需要靈活變動。拳、腿、摔、拿

要與步法配合協調，這對進攻的準確性、防守的嚴密度起著重要作用。

　　實用拳法的步法一般有三種類型：直線型、斜線型、環繞型。

一、直線型步法

　　直線型步法距離短，容易接近對手，便於進攻和撤退防守。

1.上　步

　　格鬥姿勢開始，後腳向前方邁出一步變為前腳，同時左、右拳前後交換成反架姿勢（圖11、12）。

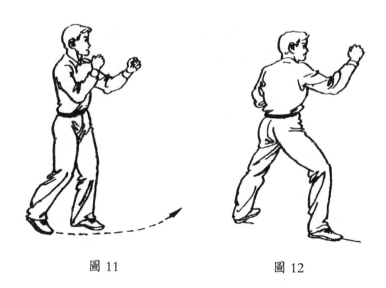

圖 11　　　　　　　　　　　圖 12

圖 13   圖 14

2.退 步

　　格鬥姿勢開始，前腳向後方撤出一步成右腳在前、左腳在後，左腳跟離地，重心偏於右腿（圖13、14）。

　　【要點】

　　上步與兩手要同時交換，重心移動不要太明顯；上步與撤步不宜過大。

3.前後滑步

(1)前滑步

　　格鬥姿勢開始，右腳蹬地，左腳向前上步，以前腳掌先著地，再全腳掌著地，繼而右腳再跟滑一步（圖15、16）。

(2)後滑步

　　格鬥姿勢開始，左腳蹬地，右腳向後移一步，以前腳掌

圖 15

圖 16

圖 17

圖 18

著地，再全腳掌著地。隨即左腳向後退步（圖17、18）。

圖 19　　　　　　　　　　圖 20

【要點】

身體重心平穩，腳步移動時應滑行，相隨腳移動要迅
速，兩腳動作銜接不可中斷，滑步不可做成跳步。

4.左右滑行

(1)左滑步

格鬥姿勢開始，右腳蹬地，左腳向左平移，右腳隨即向
左移（圖 19）。

(2)右滑步

格鬥姿勢開始，左腳蹬地，右腳向右平移，左腳隨即向
右移步（圖 20）。

【要點】

滑步時身體重心保持平穩，兩腳向側滑行，動作要迅
速，銜接不可中斷，滑步不能做成跳步。

圖 21   圖 22

5.墊　步

格鬥姿勢開始，右腳蹬地向左腳內側處落地，同時左腳屈膝提起，落地後成正架格鬥姿勢（圖 21、22）。

【要點】

墊步時兩腳交換要快，墊步與提膝不要脫節，要連貫。移動時上體和手臂應保持上肢格鬥姿勢的原型。

6.躍　步

格鬥姿勢開始，右腳蹬地後向前跨一步，隨即左腳再向前一步（圖 23、24）。

【要點】

躍步騰空不宜太高，以身體向前移動為主，上體要保持平衡，不可傾斜。

圖 23   圖 24

二、斜線型步法

斜線型步法動作幅度大，戰術意識較隱蔽，在對手調整距離時，可突然發起進攻或突然避閃，使對手攻、防落空。

1.蓋　步

格鬥姿勢開始，重心移至右腳，同時左腳經右腳前蓋步，左腳尖外展，右腳跟離地，兩膝微屈成交叉狀，重心偏於左腿，隨之右腳向前上步成正架格鬥姿勢（圖25、26）。

【要點】

邁步時，身體重心不要起伏，步幅適中，兩腳交換迅速。

2.插　步

格鬥姿勢開始，重心移至右腳，同時左腳向右腳後落

圖 25　　　　　　　　　　圖 26

步，腳跟離地，兩腿成交叉狀，隨即右腳向後退步，仍成格
鬥姿勢（圖 27、28）。

圖 27　　　　　　　　　　圖 28

【要點】

插步時，上體不要移動，兩腿交換要快，插步後及時還原成格鬥姿勢。

3.斜進步

(1)左斜進步

格鬥姿勢開始，右腳蹬地，左腳向左斜前方進一步，右腳隨即進步並落於左腳後，身體重心隨之移至兩腿間（圖29、30）。

(2)右斜進步

格鬥姿勢開始，左腳蹬地，右腳向右斜前方進步，左腳隨即進步，並落於右腳後，身體重心移至兩腳之間成反架姿勢（圖31、32）。

【要點】

斜進步子要大，要突然，跟進腳要迅速。

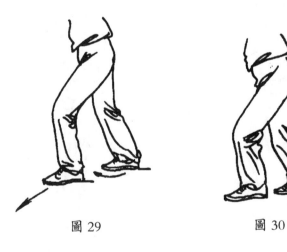

圖 29　　　　　　　　圖 30

4.斜退步

(1)左斜退步

格鬥姿勢開始，右腳蹬地，左腳向左斜後方退步，右腳隨即退步落於左腳前，身體重心移至兩腳間，成反架姿勢（圖33、34、35）。

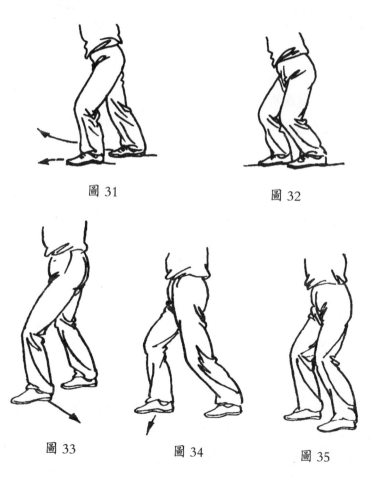

圖31

圖32

圖33

圖34

圖35

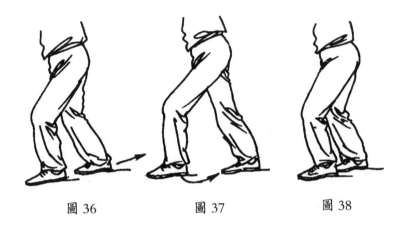

圖 36　　　　　　圖 37　　　　　　圖 38

(2) 右斜退步

格鬥姿勢開始，左腳蹬地，右腳向右斜後方退步，左腳隨即退步並落於右腳前，身體重心移至兩腳間（圖36、37、38）。

【要點】

身體要平穩，蹬地腳要有力，斜退步子要大，要迅速。

三、環繞型步法

環繞型能破壞對手的進攻方向和距離，得到防守的作用，可在步法移動中尋找攻擊對手的機會。

1.閃　步

(1) 左閃步

格鬥姿勢開始，右腳掌碾地、腳跟外展；同時左腳碾地、腳跟內收，上體左轉，隨即左腳向右後移步，然後還原成格鬥姿勢（圖39、40、41）。

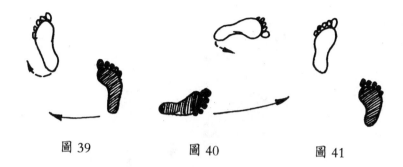

圖 39　　　　　　圖 40　　　　　　圖 41

(2)右閃步

格鬥姿勢開始。左腳掌碾地、腳跟外展，右腳碾地、腳跟內收，隨即右腳向左後移步；同時身體右轉。然後還原成格鬥姿勢（圖42、43、44）。

【要點】

步子移動成弧形路線，步法要輕靈，敏捷，轉體躲閃要靈活。

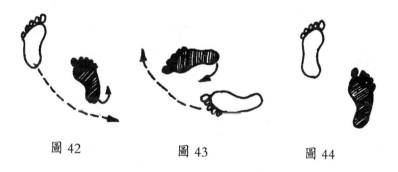

圖 42　　　　　　圖 43　　　　　　圖 44

2.環繞步

(1)左環繞步

格鬥姿勢開始，右腳蹬地，左腳向左斜前方上步，隨即

圖 45

右腳也向左斜前方上步。如此連續上步（圖45）。

(2) 右環繞步

格鬥姿勢開始，左腳蹬地，右腳向右斜前方上步，隨即左腳向右斜前方上步。如此連續上步（圖46）。

【要點】

移步中，上體要平穩，兩臂要保持格鬥姿勢，連續滑行步子要迅速連貫，步子的連線成弧形。

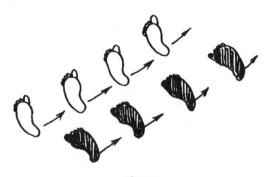

圖 46

第 **3** 章

實用拳法的基本技術

第一節　實用拳法的基本打法

打法由拳法和掌法組成，是雙方在對抗中運用拳、掌來進攻對方的技術方法。

拳、掌在對抗中的變化大，方法多，速度快，準確度高，攻擊效率高。拳法應用較多，拳法和掌法的技術特點具有較多的共性，在實戰中常融會變通使用。

一、拳　法

拳法是攻防技術中的主要進攻方法。拳在臂的屈伸、掄擺等變化中組成各種進攻的拳法，常用於打擊對手的頭部和軀幹部。拳法分單拳連打、雙拳連打。一般包括：沖拳、貫拳、抄拳、蓋拳、鞭拳、彈拳等。

拳法打擊的部位

1.正　面

頭部　｛眉中　承泣　人中　下頦　喉部

胸部　｛鎖骨　胸骨　胃部

腹襠部　｛左脾臟區　右肝部區　膀胱區　腹股溝　襠部

2.側　面

頭部 ┤
太陽穴
耳門穴
頰車穴
頸動脈

身軀 ┤
肩部三角肌
肘部
腰部
環跳穴

3.背　面

頭部 ┤
後腦
頸部

軀幹 ┤
肩胛
脊柱
腰腎
尾椎

【單拳連打】

衝拳：拳從胸前旋臂向前快速擊出，力達拳面。

劈拳：拳從上向前、向下快速擊出，力達拳輪。

貫拳：拳從側方向前、向內橫擊，力達拳面。

蓋拳：拳從上向前、向下快速擊出，力達拳心。

抄拳：拳自下向前上方快速勾打，力達拳面。

彈拳：拳從內向前伸肘彈腕，力達拳背。

鞭拳：拳從內向側快速橫擊鞭打，力達拳背。

【雙拳連打】

沖拳：兩拳依次或同時向前快速擊出，力達拳面。

貫拳：兩拳依次或同時由側方向前、向內橫擊，力達拳面。

撩拳：兩拳依次或同時自下向前上方快速勾打，力達拳棱。

(一) 沖 拳

沖拳是向前方直線打擊的拳法。用以攻擊對手的頭部或胸部。沖拳分為左沖拳和右沖拳兩種（圖 47、48、49、50）。

圖 47　　　　　　　　　　圖 48

圖 49　　　　　　　　　　圖 50

1. 左沖拳

由格鬥姿勢開始，右腳蹬地，左腳跟稍外轉，重心移至左腳，上體略右轉；同時左拳直線向前沖出，力達拳面，拳心朝下。右拳置於下頦前，目視左前方（圖51）。

【要點】

出拳時上體不可前傾，腰略向右轉，拳與肩平，出拳要快出快收，迅速還原。

2. 右沖拳

格鬥姿勢開始，右腳微蹬地，腳跟外轉，上體微左轉，重心移向左腳；同時右拳直線向前擊出，力達拳面，拳心朝下。左手置於下頦前，目視前方（圖52）。

【要點】

出拳時要蹬地、擰腰，力送肩、肘，最後達於拳面，出

圖51   圖52

圖 53   圖 54

拳動作要協調，要快出快收，迅速還原。

（二）貫　拳

貫拳是由外向內橫擊的拳法，用以攻擊對手的頭部和肋部，有較大的威力，與步法配合應用較多。貫拳分左貫拳和右貫拳兩種（圖53、54）。

1.左貫拳

格鬥姿勢開始，上體微向右轉；同時左拳向外、向前、向裡弧形擺擊，臂微屈，拳心朝下，力達拳面或偏於拳眼側，重心微前移，含胸，收腹，目視前方；右拳護於下頦前（圖55）。

【要點】

貫拳與轉體要協調一致，發力時腰繞縱軸向右轉動，力從腰發，抬肘與肩平。

2.右貫拳

格鬥姿勢開始，右腳稍蹬地並向內扣轉，同時右拳向外、向前、向裡弧形擺擊，力達拳面或拳眼側。兩腿微屈，重心側重於前腿，身體微左轉，含胸、收腹，目視前方，左拳屈臂回收至下頦前（圖56）。

【要點】

摜拳與轉腰發力要協調一致，在擊拳過程中應邊抬肘邊擊拳，不能先抬肘再擊拳。

（三）抄　拳

抄拳是由下向上擊打的拳法，在近身反擊中應用。其擊打動作幅度較小，速度快，隱蔽。多採用組合拳法進攻，用以攻擊對手的下頦部和胸腹部。抄拳分左抄拳和右抄拳兩種

圖 55　　　　　　　　圖 56

（圖 57、58、59）。

1.左抄拳

格鬥姿勢開始，右腳蹬
地，身體重心移至左腳，上
體微左轉，重心稍下沉；隨
即左腳蹬地擰轉的同時，左
拳由下向前上方擊出，拳心
朝裡，力達拳面，含胸、收
腹。右拳置於下頦前，目視
前方（圖 60）。

圖 57

圖 58

圖 59

【要點】

抄拳時，要借助蹬地、轉腰的力量，臂應先微內旋再外
旋，拳呈螺旋形運行，動作連貫，發力由下至上。

圖 60　　　　　　　　　圖 61

2.右抄拳

格鬥姿勢開始，上體略右轉，身體重心略下沉，隨即上體微左轉；同時右拳由下向前上方擊出，拳心朝裡，力達拳面。左拳置於下頦前，目視前方（圖61）。

【要點】

抄拳動作要連貫，用力要順達，要借助蹬地、轉腰的力量。臂應先微內旋再外旋，發力由下至上。

（四）彈　拳

彈拳是伸肘彈腕、由拳背向前擊打的方法。用以擾亂對手的視線，分散注意力，為自己創造進攻的機會。彈拳動作幅度小，速度快，較隱蔽，往往可以出其不意地擊中對手。

彈拳以擊打對方頭部為主。分左彈拳和右彈拳兩種

圖 62   圖 63

（圖 62、63）。

1.左彈拳

格鬥姿勢開始，身體重心移至左腳，同時左臂伸肘彈腕使拳向前彈擊，力達拳背，拳心朝右，右拳置於下頦前，目視前方（圖 64－①、圖 64－②）。

【要點】

彈拳臂部肌肉要放鬆，出擊時要探肩、送肘、甩手腕，以反臂發力向前彈擊。

2.右彈拳

格鬥姿勢開始，右腳蹬地，上體左轉，重心移至左腳；同時，右臂伸肘鬆腕，使拳向前彈擊，力達拳背，拳心朝左，左拳置於下頦前，目視前方（圖 65）。

圖 64 - ①　　　　　　　　圖 64 - ②

圖 65

【要點】

　　彈拳時，臂部肌肉要放鬆，借助腰的擰轉力來加大拳的
彈擊力，出拳時要探肩、送肘、甩手腕，放長擊遠。

(五)鞭　拳

鞭拳是用拳背或小臂橫擊鞭打的方法，主要攻擊對方的頭部。鞭拳是借助身體的旋轉慣性和超長工作距離來增加殺傷力，故轉身攻擊突發性強，較為隱蔽，容易擊中對方。分為插步鞭拳和蓋步鞭拳兩種。

1.插步鞭拳

格鬥姿勢開始，身體向右轉體，右腳經左腳後插步；同時兩臂屈肘收於胸前，動作不停，上體繼續右轉；同時右臂由屈而伸，反臂向右橫向鞭打，力達拳背或小臂外側，拳眼朝上，目視右前方（圖66、67、68）。

【要點】

轉體時的身體重心要平穩。轉體、插步、鞭打動作要連

圖66　　　　　圖67　　　　　圖68

貫，速度要快，不能停頓，要運
用腰的擰轉帶動小臂鞭打甩拳。

2.蓋步鞭拳

格鬥姿勢開始，重心移至右
腳，左腳經右腳前向後蓋步，隨
之上體右轉，兩臂屈肘收於胸
前；動作不停，上體繼續右轉；
同時右臂由屈而伸，反臂向右橫
打，力達拳背或小臂外側，拳眼
朝上（圖 69、70、71）。

圖 69

【要點】

鞭拳時，要運用腰的擰轉來帶動小臂鞭打甩拳，轉體動
作要連貫，要快，不能停頓，支撐要隱。

圖 70

圖 71

（六）蓋　拳

　　蓋拳是由上向下攻擊的拳法，主要擊打對手的頭部或背部。蓋拳動作小巧而快速，攻擊力強，有一定的威脅性，多在對手處於被動情況下使用，或對付比自己個子矮的對手較為有效。蓋拳分為左蓋拳和右蓋拳兩種（圖 72、73）。

圖 72

圖 73

1.左蓋拳

　　格鬥姿勢開始，左腳蹬地，上體微右轉；同時左臂屈肘夾緊，大臂側抬，小臂內旋，隨即以拳心領先，大臂前送，小臂下壓，向前下方扣擊蓋打，力達拳心。右拳置於下頦前，目視前方（圖74、75）。

　　【要點】

　　蓋拳時臂的前上伸與向下蓋壓要連貫，不能停頓，轉體配合，蓋壓有力。

圖74　　　　　　　　　　圖75

圖 76　　　　　　　　圖 77

2.右蓋拳

　　格鬥姿勢開始，右腳蹬地，上體左轉，身體重心移至左腳；同時右臂內旋並側抬，隨即以拳心領先，大臂前送，小臂下壓，向前下方扣擊蓋打，力達拳心。左拳置於下頦前，目視前方（圖 76、77）。

　　【要點】

　　蓋拳時要用上擰腰轉體的勁，臂的屈伸動作要連貫，蓋壓有力。

二、掌 法

掌在臂的屈伸、掄擺等變化中組成各種掌法。掌法與拳法在技術上有相近之處,因此,在對抗中要視情況融會變通使用。

掌常用於攻擊對手的面部、頸部、腹部、襠部等部位。常見的掌法有:推掌、砍掌、撩掌、蓋掌、彈掌等。

插掌:直臂、直腕、直掌向前擊出,力達掌指。

掛掌:掌臂向上或向下格擋,力達掌心。

推掌:掌從後向前快速擊出。

扇掌:掌從側方向前、向內橫擊,力達全掌。

劈掌:掌從上向前、向下快速擊出,力達掌外沿。

砍掌:仰掌或俯掌、向左或右橫擊,力達掌外沿。

按掌:掌從上向前、向下壓按,力達掌心。

搓掌:掌從後向前上方快速有力推擊,力達全掌心。

撩掌:掌心向前從後向下、向前上方擊出,力達掌根。

挑掌:掌從下向前、向上格擋,力達掌指。

摟手:掌心向外從內向前、向外抓擰,力達掌指。

擒拿:兩掌同時使用的各種扳、拿、鎖、點、扣等方法。

抓:五指成爪從上或側向前、向下用力挖出。

拿:五指成勾拿捏穴位,旋扭。

勾:五指成撮,摟抓臂、腿。

擰:五指抓握向反方向扭旋。

圖 78   圖 79

（一）推　掌

推掌是向前方直線擊打的掌法，用以攻擊對手胸部、頭部。推掌分為左推掌、右推掌等（圖78、79）。

1.左推掌

格鬥姿勢開始，上體微右轉，左臂內旋拳變掌，沉腕使掌指朝上，向前直線推出，力達小指側外緣或掌指。右拳置於下頦前，目視前方（圖80）。

【要點】

推掌要蹬地、擰腰，快出快收，不能停頓。

圖 80　　　　　　　　　　圖 81

2.右推掌

格鬥姿勢開始，上體微左轉，重心移至左腳；同時右拳變掌，向前直線推出，力達小指側外緣或掌根，掌指朝上。左拳置於下頦前（圖81）。

【要點】

推掌要蹬地、擰腰，力送肩、肘，最後達於手掌小指外側或掌指，推掌要快出快收。

圖 82　　　　　　　　　　圖 83

（二）砍　掌

砍掌是一種橫向擊打的掌法，用於攻擊對手的面部、頸部等部位。砍掌可分為左砍掌和右砍掌兩種。左砍掌擊打動作小，出手快，隱蔽，近身用。右砍掌動作幅度大，攻擊力強（圖 82、83）。

1.左砍掌

格鬥姿勢開始，右腳蹬地，身體重心移向左腳；同時左拳變掌，臂由屈到伸，向前、向右橫擊，力達掌外沿小指側近掌根，掌心斜朝上。右拳置於下頦前。目視前方（圖84）。

【要點】

砍掌要由屈到伸，甩臂橫擊要突然，力量聚集於掌外沿。

圖 84   圖 85

2.右砍掌

格鬥姿勢開始，右腳蹬地，上體略向左轉，身體重心移至左腳；同時，右拳變掌，臂由屈到伸，向前、向左橫擊，力達掌外沿小指側近掌根，掌心斜朝上。左拳置於下頦前。目視前方（圖85）。

【要點】

臂要由屈到伸，甩臂橫擊要突然，力量聚集於掌外沿。

（三）撩　掌

撩掌是用掌由下向上勾擊的掌法，用以攻擊對手的下頦部、腹部、襠部。此法動作幅度小，重指腕的變化，較隱蔽。擊打的角度變化可控性強，多在近身中應用。撩掌分為左撩掌和右撩掌兩種（圖86、87）。

圖 86   圖 87

1.左撩掌

格鬥姿勢開始，右腳蹬地，上體左轉，重心移至左腳，上體微下沉並向右轉體；同時左拳變掌，五指分開微捲屈，掌心朝上，臂微屈，由後向前上方猛力撩出，力達掌指。右拳置於下頦前，目視前方（圖88）。

【要點】

上體微下沉與蹬地、轉腰動作要協調連貫，發力要由下向前上方快速撩擊，擊中對手後可捲指屈腕，以加大攻擊力。

2.右撩拳

格鬥姿勢開始，上體微右轉，身體重心稍向下沉，隨之右腳蹬地，膝向上挺伸，上體左轉；同時右拳變掌，五指分開微捲屈，掌心朝上，臂微屈，由後向前上方猛力撩擊，力

圖 88 圖 89

達掌指，左拳置於下頦前。目視前方（圖89）。

【要點】

撩掌時，要借助蹬地、轉腰的力量。發力由下至前上方快速撩擊。擊中對手後捲指屈腕，以加大攻擊力度。

（四）蓋　掌

蓋掌是用掌心由上向下擊打的掌法，用以攻擊對手的頭部和背部。此動作適合中等距離時攻擊，對付矮個子對手應用較多。蓋掌分為左蓋掌和右蓋掌兩種（圖90、91）。

圖 90

圖 91   圖 92

1.左蓋掌

　　格鬥姿勢開始,上體微右轉;同時左臂屈肘上抬,左拳變掌,五指分開微屈;隨即以掌心領先,大臂前送,小臂下壓,向前下方蓋壓打,力達掌心與掌根部。右拳置於下頦前。目視前方(圖92)。

【要點】

　　蓋掌時左肩應前探,臂的前上伸與向下蓋壓打要連貫,不能停頓,蓋壓掌要有力。

2.右蓋掌

　　格鬥姿勢開始,右腳蹬地,上體微左轉,重心移至左腳;同時右拳變掌,五指分開微屈,隨即以掌心領先,大臂前送,小臂下壓,向前下方蓋壓打,力達掌心與掌根部。左

掌置於下頦前。目視前方（圖
93）。

【要點】

蓋掌時臂的前伸與向下蓋
壓要連貫，要快速有力。

（五）彈　掌

彈掌是用掌背彈擊的掌
法，用以擊打對手的頭部和面
部。彈掌採用伸肘彈腕的擊
法。此動作幅度小，速度快。
可擾亂對手的視線，破壞對手

圖 93

戰術意圖的實施，為自己發動進攻創造時機。彈掌可分為左
彈掌和右彈掌兩種（圖 94、95）。

圖 94　　　　　　　　　圖 95

1.左彈掌

格鬥姿勢開始，重心移至左腳，上體微前傾；同時左拳變掌，左臂內旋，向前上伸，左手腕放鬆，使掌背領先向前、向左彈擊，力達掌背，虎口朝上。右拳置於右下頦前，目視前方（圖96）。

【要點】

彈掌時，臂部肌肉放鬆，出掌時要探肩、送肘、甩手腕，快速彈擊。

2.右彈掌

格鬥姿勢開始，右腳蹬地，身體重心微左轉，重心移至左腳上；同時右拳變掌，右臂內旋並向前上伸，右手腕放鬆，使掌背領先向前彈擊，力達掌背，虎口朝上，左拳置於下頦前。目視前方（圖97）。

圖 96   圖 97

【要點】

彈掌時，臂部肌肉放鬆，出掌時要探肩、送肘，甩手腕應先內扣腕再快速彈擊。

第二節　實用拳法的基本肘法

肘是人體上肢的中節，多在屈臂的狀態下進行各種打法。在格鬥中，肘不僅有著承上啟下、貫通勁力的作用，而且還擔當近身攻擊對手的作用。拳諺有：「遠用手，近用肘」、「手不離心，肘不離肋」、「貼身短打進膝肘」、「肘法護心」等生動、精闢的拳諺和格鬥法則，是拳家經驗之談，說明肘法在格鬥中的重要性。

肘的頂部質硬而形尖。大臂粗壯有力，是肘部的支持和傳力部分，所以肘的攻擊力強，打擊強度大。另外，由於肘部運動與肩關節和肘關節相關，使得肘的活動靈活自如，肘法巧妙多變，攻擊方向幾乎不受限制。可以自上而上，自下而上；自左而右，自右而左；自前而後，令人難以提防。

肘的攻擊部位有頭部、前胸後背、腹部、兩肋等。所謂「肘打四方人難防」，正說明了肘法攻擊的方向、部位的廣泛。肘的運動路線短，可在一瞬間完成擊打動作，平穩而隱蔽，預兆性小，進攻性較強。

有時在拳、腳的掩護下，突然出肘一擊，常使對手猝不及防。在近身格鬥中，當拳腳威力受到制約時，有效地運用肘法來戰勝對方是完全必要的。拳家常言「寧挨十手，不挨一肘」，說明肘法的厲害。

一、肘 型

（一）頂 肘

大臂和小臂平屈折疊握拳，拳心朝下，肘尖前頂或側頂（圖98）。

【要點】

屈臂時大小臂要疊緊，臂與肩平。

（二）沉 肘

大臂和小臂豎折疊，拳面朝上，肘尖由上朝下用力，力達肘尖（圖99）。

【要點】

大臂與小臂要夾緊，肘尖朝下。

（三）架 肘

小臂與大臂折疊向頭前上方橫架，力達小臂（圖100）。

【要點】

架肘要臂內旋，肘尖朝側面。

圖98

圖99

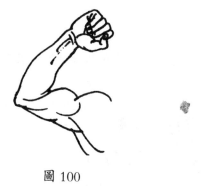

圖 100

圖 101

（四）滾　肘

大臂與小臂豎折疊，肘尖朝下，由內朝外、朝後滾動格擋，力達小臂（圖101）。

【要點】

滾動格擋時，小臂要內旋，動作要連貫。

二、肘　法

架：臂微屈，從下向上橫肘架擋，力達前臂。

砸：屈臂，肘尖從上向下猛擊，力達肘尖。

頂：屈臂平折，從內向外側突然橫擊，力達肘尖。

撞：屈臂平折，從異側向同側方向快速撞擊，力達肘尖。

滾：屈臂豎肘由同側向前、向外、向後滾動格擋，力達前臂。

擋：屈臂豎肘從內向外用力格擋，力達臂肘。

（一）頂　肘

頂肘是直線擊打的肘法。用於攻擊對手的胸、腹部。頂肘分前頂肘和橫頂肘兩種（圖102、103）。

圖 102

圖 103

1.前頂肘

　　格鬥姿勢開始，左腳蹬地，上體微右轉，重心移至右腳；同時左臂收屈於右胸前，大小臂貼緊，肘尖朝左，拳心朝下；隨即右腳蹬地，上體微左轉，重心移至左腳的同時，左肘朝左前頂擊，力達肘尖；右拳置於下頦前。目視左前方（圖104、105）。

　　【要點】

　　頂肘時肩與肘尖要保持平行，重心右左的移動要連貫迅速，左臂右收屈，隨即左轉頂肘，中間不要停頓。

圖 104

圖 105

圖 106　　　　　　　　圖 107

2.橫頂肘

格鬥姿勢開始，左腳蹬地碾轉，右腳經左腳後插步，隨之上體右轉；同時左臂收屈於左胸前，大小臂貼緊，上體繼續右轉，隨即左肘向左前頂去，力達肘尖，右拳置於下頦前。目視左前方（圖106、107）。

【要點】

右轉的速度要快，身體保持重心的平穩。頂肘多在對手近身瞬間使用，一般不主動出擊。

（二）擔　肘

擔肘是由下而上正面攻擊的一種肘法，用以攻擊對方下頦、胸部（圖108、109）。

圖 108　　　　　　　　圖 109

1.左擔肘

　　格鬥姿勢開始，右腳蹬地，身體重心移至左腳；同時左臂屈肘上抬，左拳置於肩上，拳心朝上，肘尖朝前高於肩，使力達肘尖、前臂部，右拳置於右頰下。目視左肘尖（圖110）。

【要點】

　　左大小臂要疊緊，手臂上抬擔肘時要快速用力。

2.右擔肘

　　格鬥姿勢開始，右腳蹬地，上體左轉，重心移至左腳；同時右臂屈肘上抬，右拳置於肩上，

圖 110

拳心朝左側；右肘尖朝前高於肩，使力達近肘尖、前臂部；左拳置於頦前。目視右肘尖（圖111）。

【要點】

擔肘時，右腳跟可離地上抬。攻擊部位的高低由屈膝度來調節。擔肘時要快速有力。

（三）挑　肘

挑肘是由下而上側面攻擊的肘法，用於挑擊對手的頦、胸部。分左挑肘和右挑肘兩種（圖112）。

1.左挑肘

格鬥姿勢開始，右腳蹬地，身體重心移至左腳；同時左臂屈肘，肘尖下沉，隨即由下向前、向上挑擊，力達肘尖和近肘尖前臂部；右拳置於頦前。目視左前方（圖113）。

圖 111

圖 112

【要點】

上挑時腿要蹬地，隨之上體稍起，大小臂上抬要疊緊，挑肘要迅速、準確、猛烈。

2.右挑肘

格鬥姿勢開始，右腳蹬地，上體微左轉，重心移至左腳；同時右臂屈肘由下向前上挑擊，力達肘尖和近肘前臂部。左拳置於頦前（圖114）。

【要點】

挑肘大小臂要疊緊，攻擊部位高低由屈膝度來調節。

（四）掃　肘

掃肘是左右橫擊的一種肘法，用於攻擊對手頭、肋部。分左掃肘和右掃肘兩種（圖115、116）。

圖 113

圖 114

圖 115   圖 116

1.左掃肘

格鬥姿勢開始，左腳蹬地，上體微右轉，同時左臂屈收向右掃擊，肘尖朝前，力達肘前臂。右拳置於頦前，目視左前方（圖 117）。

【要點】

掃肘大小臂要夾緊，由左向右橫擊，橫擊要快速、猛烈。多近身使用。

2.右掃肘

格鬥姿勢開始，右腳蹬地碾轉，上體微左轉；同時右臂上抬平屈向左平掃擊，肘尖朝前，力達肘前臂，左拳置於頦前。目視右前方（圖 118）。

【要點】

掃肘大小臂要夾緊，應從右向左橫擊，橫擊要快速、猛

圖 117

圖 118

圖 119

圖 120

烈。

（五）沉　肘

沉肘是由上向下擊打的肘法，用以攻擊對手的頭部和背部。沉肘分為左沉肘和右沉肘兩種（圖119、120）。

1.左沉肘

格鬥姿勢開始，左臂屈肘上抬，拳置於左肩上，拳心朝右；隨即屈臂上抬再向下沉肘擊打，力達肘尖，右拳置於頦前（圖 121）。

【要點】

沉肘大小臂夾緊，肘向下擊打時，兩膝略下屈，氣下沉，沉肘動作要短促、快速，不可停頓。

2.右沉肘

格鬥姿勢開始，右臂屈肘上抬，拳置於右肩上，拳心朝左；隨即右臂由上向下沉肘擊打，力達肘尖，左拳置於頦前。目視前方（圖 122）。

圖 121

圖 122

圖 123　　　　　　　　圖 124

【要點】

沉肘大小臂要夾緊，要由上向下擊打，動作要快速、猛烈，兩膝略彎曲，氣下沉。

（六）橫　肘

橫肘是由裡向外橫擊的肘法，用以攻擊對手頭部和肋部。橫肘分左後橫肘和右後橫肘兩種（圖 123、124）。

1.左後橫肘

格鬥姿勢開始，右腳蹬地，上體微左轉，重心移至左腳；同時左臂屈肘向左後橫擊，力達肘尖；右拳置於下頦前。目視左後方（圖 125）。

圖 125

橫擊時要隨右腳蹬地、上體左轉來加大橫擊力，大小臂要夾緊，向左後橫擊要突然、迅速。

2.右後橫肘

格鬥姿勢開始，左腳蹬地碾轉，上體右轉，重心移至右腳；同時，右臂屈肘向右後橫擊，力達肘尖。左拳置於下頦前。目視右後方（圖126）。

圖 126

【要點】

橫擊時大小臂要夾緊，以肘尖為力點向右後橫擊，橫擊要短促、快速。

第三節　實用拳法的基本指法

指法是一種攻擊對手穴位的技擊方法，也是實用拳法中的一門絕招。它通過運氣發勁，在瞬間點擊對方身體某一要害穴位，造成經絡受阻，使人體失去局部或整體的活動機能，進而失去反抗能力，達到先發制人、戰勝對手的目的。

一、指　型

指型為點穴之用，方法有點、挖、戳、扣等。有死、昏、軟、啞、麻等作用。手指攻擊的方法不但變化多端，而

且容易把握點擊目標，使對手防不勝防。常用的點穴手型有：一指、雞嘴指、金針指、二指、金剪指、三陰指等。

1.一　指

食指伸直，其餘三指捲握緊，拇指緊扣壓於第二指節骨上。用食指尖點刺對手眼和軟組織處（圖 127）。

【要點】

手腕要直，三指捲握要緊。

2.雞嘴指

中指伸直，拇指和食指併攏附於中指的第一指節與第二指節橫紋內側，無名指、小指捲緊，用中指尖點刺對方全身凹陷處（圖 128）。

【要點】

四指捲握要緊，中指伸直，腕要直。

3.金針指

中指伸直，食指、無名指、小指捲緊，拇指扣於食指的第二指節骨上，用中指點刺對方孔眼和軟組織等穴位（圖129）。

圖 127　　　　　圖 128　　　　　圖 129

【要點】

三指捲握，拇指扣緊，腕要直。

4.二　指

圖 130

食指、中指伸直併攏，無名指、小指捲緊，拇指緊扣壓於第二指節骨上，用中食指點插眼、鼻、鎖骨、肋間和軟組織等穴位（圖 130）。

【要點】

腕伸直，三指捲握扣緊，食中指併攏伸直。

5.金剪指

食指、中指伸直，稍分開如剪刀，無名指、小指捲緊，拇指扣於第二指節骨上，用中、食指點插對方眼、鼻、腋下、肋間和軟組織等穴位（圖 131）。

【要點】

三指彎曲扣緊，食、中指稍分開伸直或彎曲。

6.三陰指

食、中、無名指伸直併攏，拇指扣於小指第一指節骨上。三指尖挖對方腹部和軟組織等穴位（圖 132）。

【要點】

三指併攏伸直，其餘兩指扣壓緊，腰要直。

圖 131　　　　　　　　　　　圖 132

二、指　法

戳：一指或二指向前快速擊出，力達指尖。

挖：一指或二指稍彎曲，用力挖眼、掏鼻。

點：一指或二指的指尖快速有力擊出，發力短促且具爆發力。

彈：一指或二指由屈突然快速有力彈擊，力達指節。

捏：兩指成鉗形，拿、捏對方穴位，力達手指。

三、要害穴位

人體大約有八百多個穴位。點穴主要取其中三十六穴，因為這三十六穴是人體若干經脈交匯之處的要害穴位，如果遭受重創，氣滯血淤，人體將會失去局部或整體的活動機能，甚至死亡。過去稱三十六穴為死穴。

所謂死穴，就是這些穴位如被點中受重傷後，不及時治療會有生命危險，並非一點就會致人於死地。有歌訣云：「致命穴位三十六，代代武僧刻顱首，悉知穴位在何處，點中穴位致命休。」

由於歷代傳抄者缺乏實事求是的科學態度，把它過於神秘化。但不可否認，此三十六穴確是擊之有效、甚至把人致

傷致殘的要害部位。因而要謹慎使用，不可超出正當防衛限度，以免給他人和自己造成不必要的痛苦和傷害。

1.頭頸部要害穴

(1) 百會穴

頭頂正中，位於兩耳尖直上與頭頂正中線的交點處。

(2) 神庭穴

頭前部入髮際五分處。

(3) 太陽穴

眉梢與外眼角之間向後約一寸左右凹陷處。

(4) 耳門穴

耳屏上切跡前，張口時呈凹陷處。

(5) 印堂穴

兩眉之間。相當於額骨間隆起部。

(6) 人中穴

人中溝下沿上量三分之二處。

(7) 啞門穴

項後髮際上半寸，第一頸椎和第二頸椎棘突之間。

(8) 風池穴

乳突後方，胸鎖乳突肌和斜方肌起始部之間的凹陷中。與耳垂相平處。

(9) 人迎穴

喉結旁開一寸五。

2.軀幹部正面穴位

(1) 肩井穴

大椎穴與肩峰連線之中點處。

（2）華蓋穴

胸骨柄與胸骨體聯合的中點，即天突下兩寸。

（3）乳中穴

兩乳頭中央。

（4）膻中穴

兩乳頭連線之中點。

（5）乳根

乳頭中央直下一肋間處。

（6）膺窗

胸骨中線第三肋間玉堂穴旁開四寸。

（7）鳩尾

臍上七寸，劍突下半寸。

（8）期門穴

乳頭直下兩肋相當於第六肋間。

（9）巨闕穴

臍上六寸，鳩尾下一寸。

（10）臍中穴

臍窩正中處。

（11）水分穴

臍上一寸。

（12）氣海穴

臍下一寸半。

（13）關元穴

臍下三寸。

（14）中極穴

臍下四寸。

（15）曲骨穴

腹下部恥骨聯合上緣上方凹陷處。

（16）章門穴

腋中線第十一肋端下際。

3.軀幹部背面穴位

（1）肺腧穴

第三胸椎棘突旁開一寸半。

（2）厥陰腧穴

第四胸椎棘突下旁開一寸半。

（3）心腧穴

第五胸椎棘突下旁開一寸半。

（4）腎腧穴

第二腰椎棘突旁開一寸半。

（5）命門穴

第二腰椎棘突下正中。

（6）志室穴

第二腰椎棘突旁開三寸。

（7）尾閭穴

尾端與肛門之間。

4.上肢穴位

（1）太淵穴

仰掌、腕橫紋三橈側凹陷處。

5.下肢穴位

（1）足三里穴

外膝眼下三寸，脛骨外側約一橫指處。

（2）三陰交穴

內踝尖直上三寸，脛骨後緣處。

（3）湧泉穴

足掌心前三分之一與後三分之二交界處。

第四節　實用拳法的基本踢法

踢法是指腿的各種踢擊方法，常用於踢擊對手軀幹、頭部、襠部、下肢等。拳諺有：「手是兩扇門，全靠腳打人」，「拳打三分，腳踢七分」的說法，可見踢法在格鬥中的重要地位。踢法在實戰中使用得最多，成功率也最高。

腿較手長，可發揮「一寸長一寸強」的作用。腿的攻擊面大，從下到上均可使用，而且隱蔽，容易得手。主要腿法有蹬腿、踹腿、彈腿、掃腿等。

一、屈伸性踢法

（一）蹬　腿

蹬腿是一種屈伸性腿法，用於中距離正面進攻，攻擊對手的胸、腹、髖、大腿等部位。蹬腿攻擊力強，既可攻擊對手亦可堵截對手的正面進攻。可分為左蹬腿、右蹬腿、左後

圖 133　　　　　　　　　　圖 134

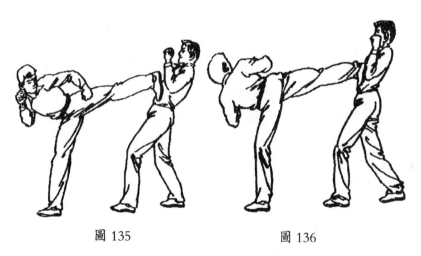

圖 135　　　　　　　　　　圖 136

蹬腿、右後蹬腿（圖 133、134、135、136）。

1.左蹬腿

　　格鬥姿勢開始，右腿支撐，膝關節稍屈或直立，左腿提

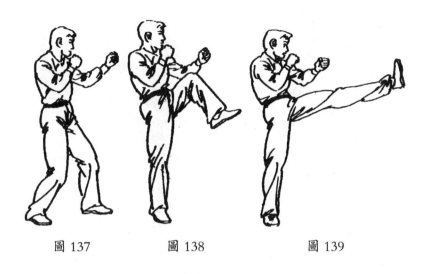

圖 137　　　　　　圖 138　　　　　　圖 139

膝抬起，勾腳；以腳跟領先向前蹬出，力達腳跟（圖 137、138、139）。

【要點】

屈膝抬腿與前蹬腿要連貫，發力要迅速。

2.右蹬腿

格鬥姿勢開始，右腳蹬地，重心移至左腿，上體微左轉；右腿屈膝前抬，勾腳；以腳跟領先向前蹬出，力達腳跟（圖 140、141、142）。

【要點】

同左蹬腿，可根據攻擊對手的部位控制腿的高度。

圖 140

圖 141   圖 142

3.左後蹬腿

格鬥姿勢開始，右腳上前一步，左腳蹬地，重心移至右腳，身體向左後轉，兩腿彎曲成跪步，右手護頭，左手屈肘自然下垂置於體前；右腿直立或稍屈支撐，左腿抬起由屈到伸，勾腳，腳尖朝下，腳跟領先向後蹬出，力達腳跟。上體前俯，兩拳置於體前（圖 143、144、145）。

【要點】

蹬腿要由屈到伸，動作要連貫，發力迅猛，向後轉身時以頭領先，注意身體平衡。

4.右後蹬腿

格鬥姿勢開始，左腳上前一步，右腳蹬地，上體重心移至左腳，身體向右後轉，兩腿彎曲，左、右手握拳護於胸前；左腿直立或稍屈支撐，上體前俯；同時右腿屈膝抬起，

圖 143

圖 144

圖 145

圖 146

腳尖勾起朝下，腳跟領先，用力向後蹬，力達腳跟（圖
146、147、148）。

【要點】

同左後蹬腿。

圖 147　　　　　　　　圖 148

（二）側踹腿

　　側踹腿是用於遠距離側身進攻的屈伸性腿法，用以攻擊對手頭、腹部、腿部，是實戰中使用較多的腿法之一。側踹腿容易調整步法，可在不同距離上使用，攻擊力強，攻擊路線長，攻擊面大，不易防守，分為左側踹腿和右側踹腿兩種（圖149、150、151）。

1.左側踹腿

　　格鬥姿勢開始，左腳蹬地，重心移至右腳，右腿直立或稍屈支撐，左腿

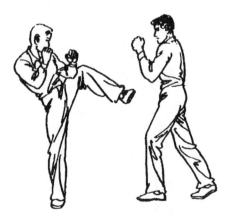

圖 149

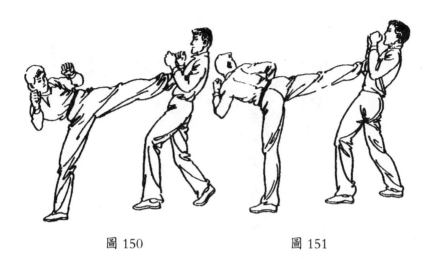

圖 150　　　　　　　　圖 151

屈膝抬起，小腿外擺，腳尖勾起，腳掌朝外側下；隨即展
髖，挺膝向前踹出，力達腳掌，上體側傾，兩拳自然下落
置於體側（圖 152、153、154）。

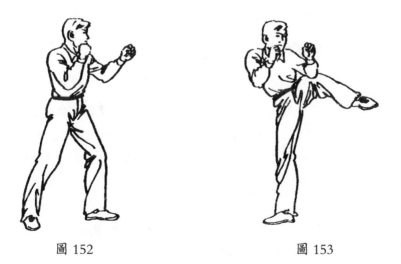

圖 152　　　　　　　　圖 153

圖 154

【要點】

左腿提膝上抬時，膝要內扣，上體要側倒，與大小腿、腳掌成一條直線。側踹腿時一定以大腿帶動小腿直線向側發力。

2.右側踹腿

格鬥姿勢開始，右腳蹬地，重心移至左腳，左腿直立或稍屈支撐，身體向左轉體 180°；同時右腿屈膝前抬，隨即向左轉膝內扣，小腿外擺，腳尖勾起；腳掌朝攻擊的目標，用力向右側踹出，力達腳掌，上體可側傾，兩拳置於體前（圖 155、156、157）。

【要點】

上體左轉的同時屈膝提腿，側踹時上體側俯，大、小腿、腳掌要成一條直線，踹出要快速有力。

圖 155　　　　　　　　　　圖 156

圖 157

（三）橫踢腿

橫踢腿是側向弧形攻擊的直擺性腿法。用於攻擊對手上部、中部。此法速度快，力量大，幅度大，打擊面大，對手難以防守。適於中距離時發動突擊，成功率較高。分為左橫踢腿和右橫踢腿（圖 158、159）。

1.左橫踢腿

格鬥姿勢開始，左腳蹬地，上體稍向右轉，重心移至右腳，上體向右側傾；同時帶動左腿收髖、扣膝，左小腿向外、向左上方弧形橫擺踢腿，腳面繃平，力達腳背至小腿下端。兩拳置於體前（圖 160、161）。

【要點】

以轉體帶動擺腿，動作連貫、快速。

圖 158

圖 159

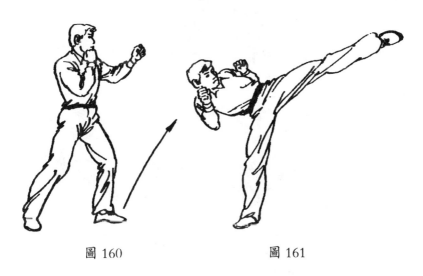

圖 160　　　　　　　　圖 161

2.右橫踢腿

　　格鬥姿勢開始，右腿蹬地，上體左轉，身體重心移至左腳；右腿收髖扣膝，右小腿向外、向左上方弧行橫擺踢腿，

腳面繃平，力達腳背至小腿下端，兩拳置於體前（圖162、
163、164）。

【要點】

同左橫踢腿。

圖 162

圖 163　　　　　　　圖 164

圖 165   圖 166

（四）側彈腿

側彈腿是側身進攻的屈伸性腿法，用於攻擊對手的上、中、下三盤，是實戰中運用較多的一種腿法。動作快速，易於變化，攻擊面大，較為隱蔽，適於中距離發動突擊，成功率較高，應用較多。側彈腿又叫橫擊腿、邊腿，可分為左側彈腿和右側彈腿兩種（圖165、166）。

1.左側彈腿

格鬥姿勢開始，左腳蹬地，上體稍右轉，重心移至右腳，右腿直立或微屈支撐，上體向右側傾；同時左腿屈膝向左橫起，膝內扣，繃腳背；隨即挺膝向右、向前彈擊，力達腳面或小腿下端，兩拳置於體前（圖167、168）。

圖 167　　　　　　　　圖 168

【要點】

彈擊時，腳背繃緊，膝蓋內扣，以膝帶腿，快速、猛挺
發力。

2.右側彈腿

格鬥姿勢開始，右腳蹬地，上體左轉 180°，身體重心移
至左腿；左腿微屈支撐或直立，上體稍向左側傾，右腿屈膝
上抬，扣膝，繃腳背，隨即挺膝向前、向左彈擊，力達腳背
至小腿下端，兩拳置於體前（圖 169、170）。

【要點】

同左側彈腿。

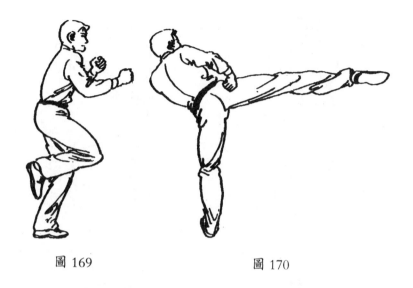

圖 169   圖 170

（五）轉身擺腿

轉身擺腿是橫向擺擊的直擺性腿法，用於攻擊對手的頭部。此法力量大，幅度大，打擊面大，在直線動作難於進攻時，突然改變進攻路線，使對手防不勝防。具有較強的攻擊力。

運用時以假動作做掩護，動作要果斷、敏捷快速。轉身擺腿可分為左轉身擺腿和右轉身擺腿兩種。

1.左轉身擺腿

格鬥姿勢開始，右腳向左腳前上步，重心移至右腳支撐，左後轉360°；隨轉體上體稍側傾，左腿向上向後橫掃，腳面繃緊，腳高於頭，力達腳掌。兩拳置於體前（圖171、172、173）。

圖 171　　　　　　　　　圖 172

圖 173

【要點】

轉體時以頭領先，保持身體穩定，並借慣性，腰背發力，展髖，挺膝，繃腳背。

2.右轉身擺腿

格鬥姿勢開始，右腳蹬地，重心移至左腳，身體右後轉

360°；隨轉體右腿直腿由後向上、向後橫掃，腳背繃緊，力達腳掌。兩拳置於體前（圖174、175、176）。

【要點】

同左轉身擺腿。

圖174

圖175

圖176

二、掃轉性腿法

掃腿是掃轉性腿法，用其攻擊對手的下盤，使其倒地。掃腿技術性較高，隱蔽，但攻擊後不易防守，使用後掃腿進攻的時機選擇很重要，實戰中，突然下蹲掃腿，使對手產生瞬間的遲疑，容易將對手掃倒。掃腿可分為前掃腿和後掃腿兩種。

（一）前掃腿

格鬥姿勢開始，右腳蹬地，重心移至左腳，屈膝全蹲，右膝伸直，腳尖內扣，全掌著地；隨即上體左轉，以左腳前掌為軸，兩手在體前扶地，右腿向前、向左弧行擦地直腿前掃，腳掌內扣並繃緊，力達踝關節內至小腿下端前面（圖177、178）。

【要點】

掃轉時，要借腰的左轉力帶動右腿加快速度，增強力度，右腳不離地，轉體與掃腿要連貫。

圖 177

圖 178

（二）後掃腿

格鬥姿勢開始，右腿蹬地，身體重心移至左腳，左腿屈膝全蹲，腳前掌為軸。兩手扶地向後方轉體一周；展髖，帶動右腿向左後方弧線擦地直腿後掃，腳掌內扣並繃緊，力達腳後跟至小腿下端背面（圖179、180、181）。

圖 179

圖 180

圖 181

【要點】

轉體與後掃腿要快速連貫，要借以腰帶動掃腿的速度。

第五節　實用膝法

膝法是用膝部攻擊對手的方法，用以攻擊對手的肋部、胃部、腹部等部位，一般用於近距離的格鬥。膝部堅硬、粗實，不論進攻還是防守或反擊，都具有很大的攻擊力和威力。膝短，用法隱蔽，適用於近身時的糾纏或抱摔。

雙方格鬥時，用膝向上直撞、向前衝撞或做斜線衝擊的膝法來襲擊對方的肋部、胃部或腿肌，能破壞對方的戰鬥力，使對方氣力不繼而敗北。常用的膝法有撞膝、頂膝、橫靠膝、飛撞膝。

一、撞　膝

撞膝是用膝部向前攻擊的一種膝法。用以攻擊對手胸、腹部。撞膝分左撞膝和右撞膝兩種（圖182、183）。

圖182　　　　　　　　　　圖183

1.左撞膝

格鬥姿勢開始，左腳蹬地，身體重心移至右腳，左腿屈膝上抬；大小腿夾緊，上體微後仰，使左膝向前撞擊，力達膝尖。兩拳置於體前（圖184、185）。

【要點】

撞膝時要充分運用蹬地、伸髖之力撞擊對方，同時要準確判斷自己與對手的距離。

2.右撞膝

格鬥姿勢開始，右腳蹬地，上體左轉，重心移至左腳支撐，右腿屈膝上抬；大、小腿夾緊，上體微後仰，右膝向前撞擊，力達膝尖。兩拳置於體前（圖186、187）。

圖184

圖185

圖 186　　　　　　　圖 187

【要點】

撞膝時大、小腿要夾緊，力到膝部，要充分運用蹬地伸髖之力撞擊對方。

二、頂　膝

頂膝是用膝部由下向上撞擊的膝法，用以攻擊對手的頭部、膝部。此法威脅大，攻擊力強。可分為左頂膝和右頂膝兩種（圖188、189）。

圖 188

圖 189

1.左頂膝

格鬥姿勢開始，左腳蹬地，身體重心移至右腳，隨即右
腳蹬地、挺膝；同時左腿屈膝由下向上頂撞，力達膝尖上
部。兩拳置於體前（圖190、191）。

【要點】

屈膝上抬頂膝要連貫、快速，攻擊目標要猛、狠。

2.右頂膝

格鬥姿勢開始，右腳蹬地，上體左轉，身體重心移至左
腳。隨即左腳蹬地、挺膝；同時右腿屈膝由下向上抬腿頂
撞，力達膝尖上部（圖192、193）。

【要點】

單腿支撐要穩，身體不能搖晃，屈膝上抬要連貫、迅
速，攻擊目標要準，要狠。

圖 190

圖 191

圖 192

圖 193

三、橫靠膝

橫靠膝是由外向內橫靠的一種膝法，用於攻擊對手的頭部、肋部等。分為左橫靠膝和右橫靠膝兩種（圖 194、195）。

1.左橫靠膝

格鬥姿勢開始，左腳蹬地，身體重心移至右腳，左腿屈膝上抬並內扣，使左膝向右橫擊，力達膝尖和近膝尖的大腿部，腳底朝左下，兩拳置於體前（圖 196、197）。

【要點】

左膝的翻靠橫擊主要靠左髖和左大腿的內收，橫擊時要注意右腳碾地，控制身體重心的平穩。

圖 194　　　　　　　　　圖 195

圖 196　　　　　圖 197　　　　　圖 198

2.右橫靠膝

格鬥姿勢開始，右腳蹬地，身體重心移至左腳，右腿屈膝上抬並內扣，使右膝向左橫擊，力達膝尖和膝尖的大腿部，腳底朝右下。兩拳置於體前（圖198、199）。

【要點】

橫擊時要注意左腳碾地，控制好身體重心的平穩，抬腿屈膝內扣橫擊要連貫、快速。

圖 199

四、飛撞膝

飛撞膝是人體在騰空的瞬間用撞膝攻擊的膝法，技術難度大，用以攻擊對手頭部、胸部。此動作突發性大，攻擊性強，可遠距離主動攻擊對手。可分為左飛撞膝和右飛撞膝兩種（圖200、201、202）。

圖 200

圖 201

1.左飛撞膝

格鬥姿勢開始，兩腳蹬地，身體騰空，隨即左腿屈膝向右前撞擊。兩手置於體前，然後落步成格鬥姿勢（圖203）。

【要點】

在人體騰空的瞬間，兩手可抱對手的頭或雙肩，快速抬腿屈膝內扣膝撞擊對手的頭或胸。騰空與撞膝要同時，也可加助跑來增加騰空高度。

圖 202

圖 203

2.右飛撞膝

格鬥姿勢開始，兩腳蹬地，身體騰空，隨即右腿屈膝向左前撞擊。兩手置於體前，然後落步成格鬥姿勢（圖 204、205）。

【要點】

同左飛撞膝。

圖 204

圖 205

第
4
章

實用拳法攻防破解法

拳法之道講究：一快，二準，三狠，四力，五動機。破解之法強調：來拳高，用手挑；來拳矮，用手宰；不高不矮，用手排。在實用拳法中，包含著各種擊打、擒拿之術，輔以踢、摔之法，它既能強身健體，錘煉品德，又能防身自衛，制敵取勝。

第一節　右拳擊來的破解法

1.擒腕擊面

　　對方右拳直打我腹部，我應及時判斷對手來拳的速度、方位，隨即提左膝，左掌向下用力按其腕；順勢向前落左腳，重心前移的同時，右拳直打對方面部（圖206、207、208）。

圖 206

【要點】

　　含胸，壓腕與收腹、提膝，要快速完成，左掌下按要快速有力。

圖 207

圖 208

2.托肘擊腹

對方右拳直打我胸部，我身體向右稍側轉，左手托其肘向前或向後推帶；順勢左腳向前滑動半步，右拳從腰向前直擊對方腹部（圖 209、210、211）。

【要求】

左掌推托對方肘部，要借其前衝之力，向前或向後推帶。

圖 209

圖 210　　　　　　圖 211

3.抄拳砸臂

對方右拳直打我胸部，我左腳向左斜前方上半步，身體迅速向右側閃；同時，左臂屈肘上托其大臂；右前臂從上向下猛砸其前臂（圖212、213、214、215）。

圖212

圖213

圖214

圖215

側步閃身兩臂成交錯用力,砸臂要快速有力。

4.托臂擊胃

對方右拳直打我胸部,我右手、左手掌心向上依次沿對方右臂順勢向上、向後托挪;同時左手上托,右拳直擊對方胃部(圖216、217、218、219)。

【要求】

兩掌要借對方沖拳之力,向上、向後快速托其肘部,右拳前擊時用鳳眼拳。

5.抓臂頂胸

對方右拳直打我胸部,我兩手抓握對方右臂,順勢擰身向左側後挪手牽帶;同時,左腳向前半步,提右膝撞對方胸

圖216　　　　　　　　圖217

部（圖 220、221、222）。

【要求】

當對方右拳近胸時，我身體迅速向左側擰，兩手抓握其臂，順勢突然用力後拉，以右膝猛撞其胸部。

圖 218　　　　　　　圖 219

圖 220　　　　　　　圖 221

6.擒腕砸後腦

對方右拳直打我胸部，我左腳稍向左斜前上方上半步，身體右轉，同時，雙手抓握其腕和大臂順勢向右、向下、向後猛力牽帶；待其重心前傾時，右腿猛掃絆對手右腿，使對手失去重心；隨即用右拳順勢狠砸其後腦（圖223、224、225、226）。

圖 222

【要求】

雙手向後牽帶須用爆發力，迫使其身體前倒。右腿掃絆對手要快速猛烈。

圖 223　　　　　　圖 224

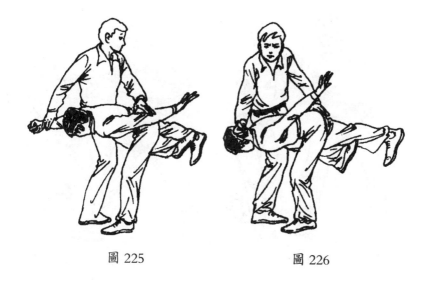

圖 225   圖 226

7.擒腕砍喉

對方右拳直打我腹
部，我身體稍右轉，右手
抓握其腕向後牽帶，同
時，左臂屈肘從上向下猛
砸其肘；順勢左掌心向下
由右向左側猛砍其喉部
（圖 227、228、229）。

【要求】

擒腕要準狠，斷臂砍
喉要連貫、迅速。左掌橫
砍喉時，力達掌的外沿。

圖 227

圖 228　　　　　　　　圖 229

8.擊腹卡喉

對方右拳直打我胸部，我含胸，右手抓其對手手腕，向右側牽帶；左臂插靠對方右肋；順勢右手拿、捏對方喉部（圖 230、231、232、233）。

【要求】

右手拿腕要準確，然後兩臂須緊夾靠對手右臂和身體，右手拿捏對方喉部要用鉗勁。

9.砍臂擊面

對方右拳直打我胸部，我左腳向右前方上半步，同時左手向外抓摟對方右手腕；順勢迅速上右步，右手成立掌砍對手右大臂；隨即右掌變拳反臂猛彈對方面部（圖 234、235、236、237）。

圖 230   圖 231

圖 232   圖 233

圖 234

圖 235

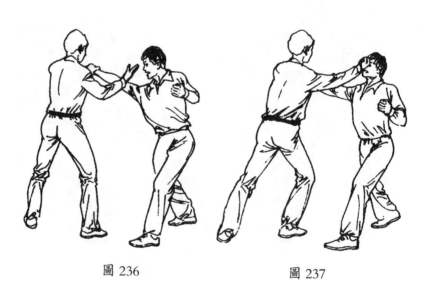

圖 236

圖 237

【要求】

繞步與上步要靈活、迅速，橫砍掌力達掌外沿，彈拳要快速有力，力達拳背。

10.抓臂踩腿鎖喉

對方右拳直打我腹部，我身體稍向左側閃躲，右手反掌向外抓握其腕向右側猛拉；左手順勢抓拉其大臂向右牽帶；同時，右腳猛踹對方右腿使之彎曲；並順勢右

圖238

臂屈肘繞纏其脖，左手搬壓對方後腦成鎖喉式（圖238、239、240、241、242）。

圖239

圖240

圖 241　　　　　　　　　圖 242

【要求】

動作要快速、有力、連貫；鎖喉時，右臂緊壓其喉頭，左手搭在對方左臂上，左手須用力搬壓。

11.雙掌砍鎖骨

對方右拳直打我面部，我左臂從下向外格擋；對方順勢左拳直打我面部，我右臂從下向上、向外格擋；同時上右腳近身，雙掌向前、向下猛砍對方鎖骨（圖243、244、245）。

圖 243

圖 244　　　　　　　　圖 245

【要求】

　　兩臂格擋對方來拳要快速，兩掌砍鎖骨要突然，使對手防不勝防，力達掌外沿。

12.肘擊胸拳打眼

　　對方右拳直打我面部，我左掌從下向上、向外格擋；對方左拳直打我面部，我右掌從下向外格擋；順勢上右腳，兩臂屈肘從上向下狠砸對方胸部；兩拳再直打對方面部（圖 246、247、248、249、250）。

圖 246

圖 247   圖 248

圖 249   圖 250

【要求】

　　兩臂掛擋、沉肘、沖拳要連貫，快速有力。

13. 抓臂肘擊肋

對方右拳直打我面部，我兩臂屈肘，握拳豎肘自下向上、向左側滾動格擋；對方左拳直打我面部，我身體突然右轉，兩肘順勢向右側滾動格擋其對手左臂；右手抓臂的同時，左肘直擊對方左肋部（圖251、252、253、254）。

圖 251

圖 252

圖 253

圖 254

【要求】

豎肘滾動要快速用力，頂肘要突然用勁，攻擊要準確。

14.鎖臂擊後腦

對方右拳直打我面部，我右臂從下向上架其前臂；對方左拳直打我胸部，我含胸順勢左掌抓握其手腕；右手抓握對方右手腕，用力向下交叉鎖臂；左腳上步繞到對方身後，抽出左手變拳狠擊對方後腦（圖255、256、257、258、259、260）。

【要求】

兩手抓腕鎖臂須交叉用力，上步與擊後腦動作要連貫。

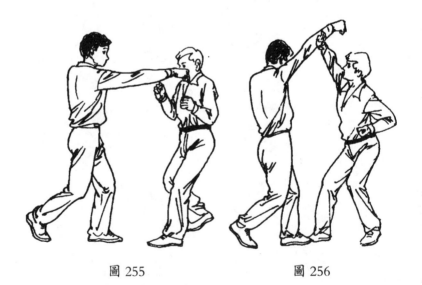

圖 255　　　　　　　　　圖 256

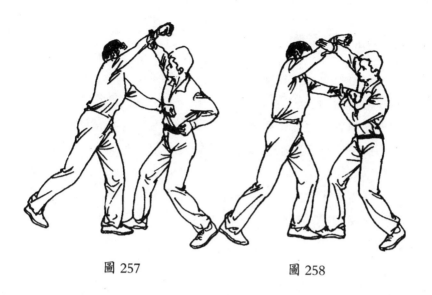

圖 257　　　　　　　　圖 258

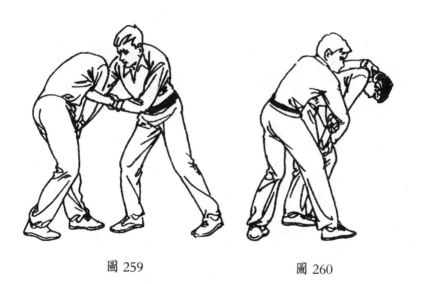

圖 259　　　　　　　　圖 260

15.抓臂擊胸頂襠

對方右拳直打我胸部，我左腳斜上半步，左手向外摟抓其手臂；對方左拳直打我面部，我上右腳、右拳從下向上、向外猛擊對方左臂；順勢右臂狠砸對方右肘；右臂屈肘平撞對方胸部；並抬左膝撞擊其襠部（圖261、262、263、264、265、266）。

【要求】

上步要靈活快速，右拳上挑、下砸、頂肘要快，變化要突然。

圖261　　　　　　　　　　圖262

圖 263　　　　　　　圖 264

圖 265　　　　　　　圖 266

16.格擋擊胃卡脖

對方右拳直打我面部，我左臂從下向上、向外格擋；對方左拳從側面橫貫我右耳側，我右臂從下向上、向外架擋其臂；並順勢上右腳、右拳從上向下、向前直打對方胃部；再兩拳變掌雙分對方兩臂；兩掌順對方大臂直下卡脖子（圖267、268、269、270、271、272）。

【要求】

格擋對方來拳時，手臂要用爆發力；沖拳、卡脖須快速、連貫、有力。

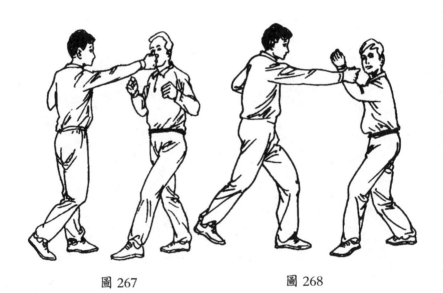

圖 267　　　　　　　　　　圖 268

圖 269　　　　　　　　圖 270

圖 271　　　　　　　　圖 272

17.鎖臂踹腹

對方右拳直打我面部，我上右步，左掌從下向外摟抓對方前臂；對方左拳直打我面部，我右手從下向上、向外架擋；並順勢抓握其腕，從上向下、向左推；左手用力向下、向前猛推，使之兩臂反肘交錯；以頭部狠撞對方面部；待其身體後仰時，右腿快速側踹其腹部

圖 273

（圖 273、274、275、276、277、278、279）。

圖 274   圖 275

【要求】

　抓腕交叉鎖臂必須快速用力，踹腿要突然，踹擊部位要準確。

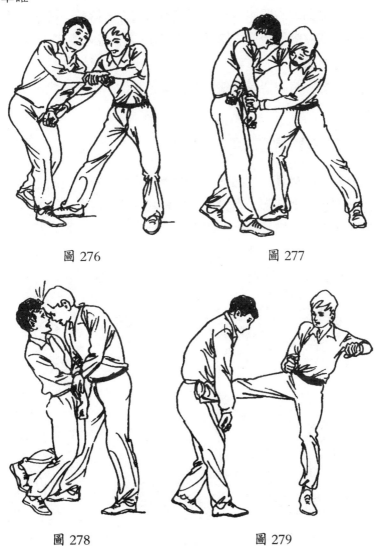

圖 276　　　　　　　　　圖 277

圖 278　　　　　　　　　圖 279

18. 抓臂撞胸踹腹

對方右拳直打我面部，我側身上步左手抓腕向下、向後猛拉，隨即我右臂屈肘平抬狠撞對方胸部，待其身體重心後移時，我右腳猛蹬對方腹部（圖280、281、282、283）。

【要求】

撞肘、蹬腿要連續擊中對方胸、腹部，動作要快、準、狠。

19. 鎖臂踢襠砍頸

對方右拳直打我面部，我換步左手從下經外側向上再向下、向後按摟其腕；對方左拳直打我面部，我右手順勢從外向下、向左摟按其手腕，使對方兩臂交錯；以右腳猛踢對方襠部；待其對方身體前傾時，右掌從上向前、向下狠砍對方左頸動脈或耳部（圖284、285、286、287、288、289）。

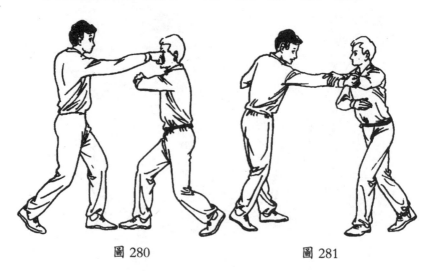

圖280　　　　　　　　　　圖281

【要求】

鎖臂要迅速，砍掌力達掌外沿。

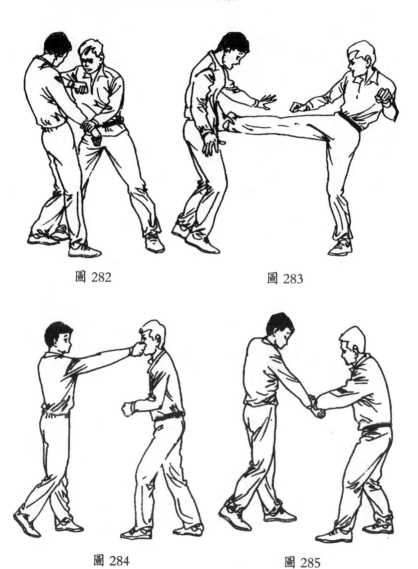

圖 282   圖 283

圖 284   圖 285

圖 286   圖 287

圖 288   圖 289

20.鎖臂砍喉

對方右拳直打我面部，我左手從下向上、向外抓摟其手腕外擰；對方左拳直打我面部；我右手從下向上、向外抓握其手腕；兩手用力使對方雙臂向下，在腹前交叉；右掌順勢橫砍對方喉部（圖 290、291、292、293、294、295）。

【要求】

橫掌砍喉、力達掌外沿。

圖 290

圖 291 　　　　　　　圖 292

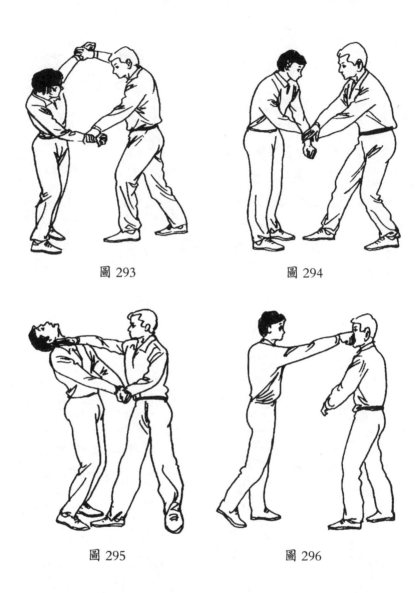

圖 293

圖 294

圖 295

圖 296

21.抓臂卡頸動脈

對方右拳直打我面部，我退步，左手下壓其手腕；對方

圖 297　　　　　　　　　　圖 298

圖 299　　　　　　　　　　圖 300

左拳直打我面部；我向右側身，右手、左手依次向右、向外
摟抓其臂；順勢右手變鷹爪抓拿對方左頸總動脈（圖296、
297、298、299、300）。

【要求】

要借對方沖拳之力，順勢牽帶，拿脈要凶狠有力。

22.撞胸踢襠

對方右拳橫貫我頭部，我左手從下向上抓握其腕外拿；對方左拳直打我面部，我右手從下向上、向外架擋；順勢抓壓其臂向下推；以頭額直撞對方胸部；當對方身體重心後移時，右腳勾腳尖，猛踢對方襠部（圖 301、302、303、304、305、306、307）。

圖 301

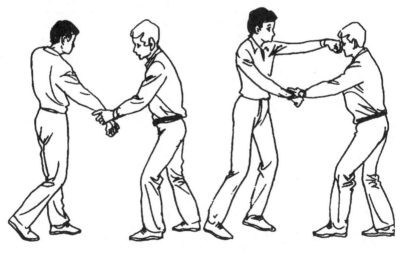

圖 302   圖 303

【要求】

抓腕外拿下推要借力，順勢、撞胸、踢襠動作要連貫有力。

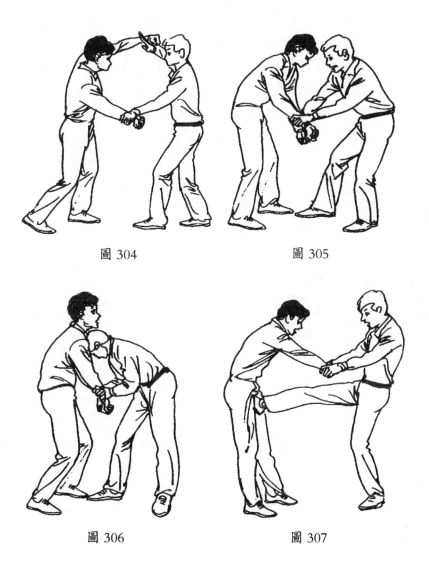

圖 304

圖 305

圖 306

圖 307

23.抓襠踹胯擊後腦

對方右拳橫貫打我頭部，我迅速低頭左閃躲；順勢上右步右拳反撩打對方襠部；上左步繞至對方身後，右腿猛踹對方腰胯部；並迅速落步右手抱對方腹部，左拳猛擊其後腦（圖 308、309、310、311、312）。

圖 308

【要求】

步活身靈、拳重。撩襠、蹬胯、擊後腦變換動作要快、突然。

圖 309

圖 310

圖 311

圖 312

第二節　左拳擊來的破解法

1.架肘踢襠擊喉

對方左拳直打我面部，我右臂屈肘上架其臂；右腳橫踹對方左膝部；順勢左腳直踢襠部；待其重心後移時，以右拳猛擊其喉部（圖313、314、315、316、317）。

【要求】

架肘、橫踹要同時用力快速完成，踢襠和出拳要連貫一致。

圖313　　　　　　　　圖314

圖 315

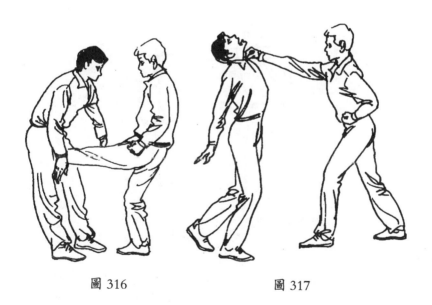

圖 316

圖 317

2.抓臂擊腹砍頸

對方左拳直打我面部，我左手向內、向外抓握其腕牽帶；同時右掌直插對方左腋下窩穴；順勢左手握拳直擊對方面部；對方右拳直擊我面部，我左拳變掌向外、向下、向後抓腕牽帶，右掌橫砍對方右側頸總動脈（圖318、319、320、321、322）。

【要求】

左手推，右掌插，左拳打，右掌砍要協調連貫，快速有力。

圖 318

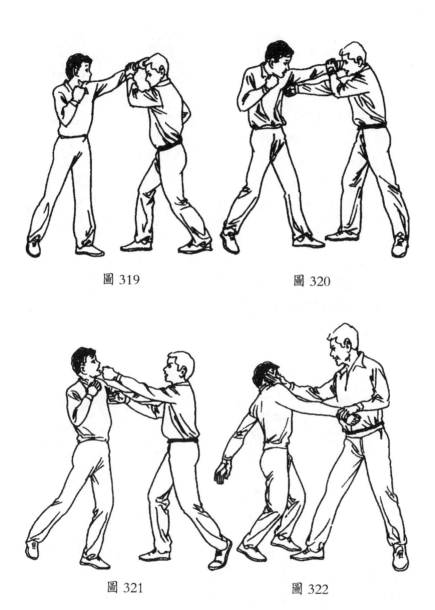

圖 319

圖 320

圖 321

圖 322

3.抓臂頂襠貫穴

對方左拳直打我面部；我右手向外抓摟其左臂向右側牽帶；順勢以左膝猛撞對方襠部；待其身體前傾，雙拳由兩側貫擊對方太陽穴（圖 323、324、325、326）。

圖 323

【要求】

抓摟對方要突然用力後拉，撞膝雙峰貫耳要快速突然。

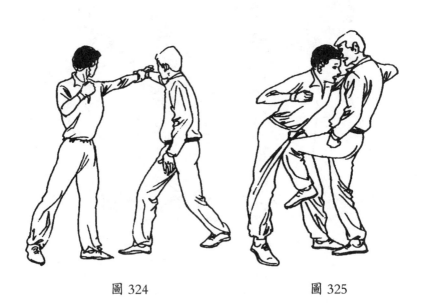

圖 324　　　　　　　　圖 325

4.砸肘擊面貫後腦

對方左拳直打我面部，我左腳繞步，左手外摟其臂，右拳從上向下狠砸對方前肘部；順勢右拳反臂擊對方面部；再橫貫擊打對方後腦（圖327、328、329、330）。

【要求】

左手抓緊對方手臂，右拳連貫快打。

圖 326

圖 327

圖 328

圖 329　　　　　　圖 330

5.砸肘抓面

對方左拳直打我面部，我左肘從左向右側格擋；上右腳向左側身，右肘豎向猛擊對方肘臂；順勢左拳變掌抓握對方左腕，以右拳再砸其肘，並順勢右拳變虎爪，狠抓對方面部（圖 331、332、333、334、335、336）。

【要求】

左拳變掌抓握對方要靈活快速，右拳連續打擊要迅猛狠毒。

圖 331   圖 332

圖 333 圖 334

圖 335 圖 336

6.抓腕擊後腦

對方左拳直打我腹部，我退步，左手從下向上、向外、再向下抓摟對方左手腕猛力牽帶；順勢上右步，右拳從上向前、向下猛擊對方後腦（圖337、338、339）。

【要求】

摟手用力後拉、換步要快，劈拳力達拳輪。

圖 337

圖 338　　　　　　圖 339

7.擒腕抓面

對方左拳直打我襠部，我右手、左手依次抓握對方手臂，隨即向下、向後拖壓；順勢右腳向前移動，左手抓緊對方左臂後拉；右手變虎爪從上向前、向下猛抓對方面部（圖340、341、342、343）。

【要求】

兩手呈爬竿狀，變換要快速，拖壓對方須向下、向後使探勁。

8.抓臂戳眼

對方左拳直打我腹部，我含胸收腹，右手從上向下挪壓對方左臂；順勢提右膝，左手從上向下、向後挪壓對方左

圖 340　　　　　　　圖 341

臂；再右腳前落，右手食、中二指直戳對方雙眼（圖344、
345、346、347）。

圖 342

圖 343

圖 344

圖 345

圖 346

圖 347

【要求】

雙手挪壓要借力順勢，二指先用力分開直戳對方雙眼，然後變屈而挖。

9.抓臂卡頸

對方左拳直打我腹部，我含胸收腹提右膝；順勢右掌、左掌依次快速從上向下、向後拉壓對方左手腕；右腳向前快落，右掌變鷹爪抓握對方左頸總動脈（圖348、349、350、

圖 348

圖 349

351）。

【要求】

出手快速連貫，打擊的部位要準確、狠毒。

圖 350

圖 351

10.抓襠擊後腦

對方左拳直打我腹部，我側身上步，右手從外向上托其對方肘部，向左側牽帶；同時左手抓提對方襠部，順勢右手變拳從外向內橫擊對方後腦（圖352、353、354、355）。

【要求】

托肘順勢猛力向左側牽拉，提襠與橫擊同時完成。

圖 352

圖 353

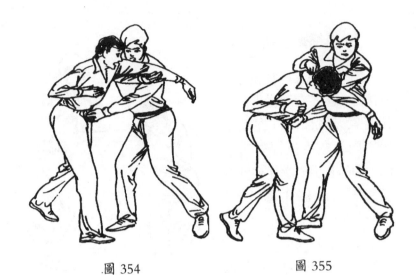

圖 354　　　　　　　圖 355

11.擊肋蹬胯砍頸

對方左拳直打我腹部，我側身上右步，左手抓握其對方手腕向側牽帶；右掌順勢從左向右側橫砍對方左肋部；右腳橫踹其左胯；待其頭部前伸時，以右掌從上向下猛砍對方後頸（圖356、357、358、359、360）。

圖 356

【要求】

砍掌要狠準，力達掌外沿，踹胯要快速、突然。

圖 357　　　　　　　　　圖 358

圖 359　　　　　　　　　圖 360

12.別臂蹬腹

對方左拳直打我腹部，我突然側身上步，左手抓擰對方手腕；右臂從下向上反別對方左臂；順勢用右腳猛踹對方腹

圖 361

圖 362

部（圖361、362、363、364）。

【要求】

別臂斷肘，要快速猛力；踹腿頂腹要猛、狠。

圖 363

圖 364

13. 抓臂擊頭卡脖

對方左拳反擊我腹部，我跳換步右手從下向上、向後托拉對方肘部；順勢左拳反擊對方胃部；再用右掌直插對方左肋；同時，左拳從上向前下方反砸對方面部；對方左拳直打我胸部，我左拳變掌從上向下、向後拉壓對方臂部，右掌變鷹爪抓捏對方左側頸總動脈（圖 365、366、367、368、369、370）。

【要求】

撩拳、插肋、打面部、拿頸要快速有力、連續完成，動作要乾淨俐落。

圖 365

圖 366 圖 367

圖 368 圖 369

圖 370

14.踩腿踹腹

對方左拳擊我頭部，我
左腳上前一步，右腳突發踩
腿，擊對方左腿脛腓部，隨
即再擰腰向左轉體，用側踹
腿踹擊對方軟肋部；如對方
跳開防守，用左拳橫貫我頭
部，我兩手抓住對方手臂的
同時，左腳用側踹腿蹬踹對
方心窩或小腹（圖 371、
372、373、374）。

圖 371

【要求】

踩腿變側踹腿要快速、突然。

圖 372

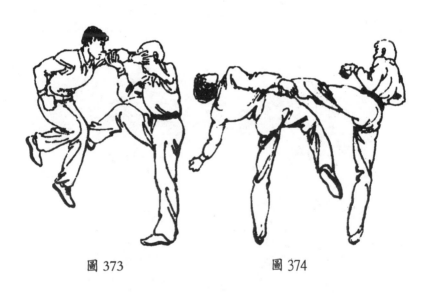

圖 373　　　　　　　　圖 374

15.踢腹擊背

雙方正面對峙，我尋機用左側踢腿擊打對方小腹，對方防守後立即用左拳擊我左耳門，我身體前傾，頭前埋，避其來拳；然後以左腳為軸，碾地180°左右，隨即右腿向後倒掄對方後背部（圖375、376、377）。

【要求】

側踢腿時，上體微側傾，發腿要快速有力，反背腿要以轉體帶動擺腿，動作連貫，快速。

圖 375

圖 376

圖 377

16.踹膝擊面

雙方對峙，我突然滑步，右腳滑進於左腳位置，同時左腳離地提起踹擊對方左腿膝部；對方退步，我左腳落地，隨

圖 378

圖 379

即身體左轉，用右腳迅速踢擊對方左臉部（圖378、379、380）。

【要求】

滑步側踹要快速、有力。落步轉體高橫擺踢腿要連貫、狠準。

17.擊臉蹬腹

雙方對峙，我突然右腳上步，並向左轉體360°，用左腳橫掃擺對方

圖 380

左面部，此時對方往往會退步並用小臂架擋防守，我左腳向前落步，隨即左腳向前墊跳成跳步，同時用右腳迅速正蹬對方腹部（圖381、382、383、384）。

圖 381

圖 382

圖 383

【要求】

　　左腳橫掃擺腿落步時，應下落在前方，正蹬腿須送髖，發腿由屈至伸，快速有力。

圖 384

18.蹬腹踹頸

雙方對峙站立，我突然發起進攻，以左腳為軸，向右轉體約 200°，用右腳後蹬對方腹部；此時對方會收腹或兩臂下壓來防守；我右腳收回落地，突然再次用右腳踹擊對方頸部（圖 385、386、387、388）。

圖 385

【要求】

轉身後蹬腿要突然、快速。踹擊對方頸部要狠、準、快。

圖 386

圖 387

19.蹬腹彈腿

　　兩人對峙站立，我突然左腳向左側上步，重心移於左腳，同時左拳直擊對方面部，對方用左拳格擋防守；我右腳

圖 388

圖 389

滑步至左腳位置，左腳迅即離地提起，蹬擊對方腹部；繼而
我左腳向左側落步，用右腳快速彈擊對方左大腿外側部（圖
389、390、391、392）。

圖 390

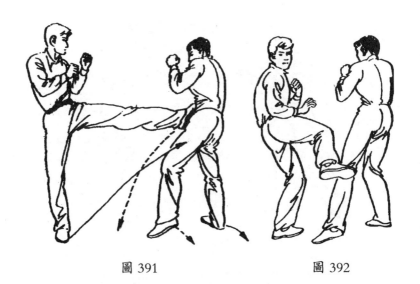

圖 391　　　　　　　　　　圖 392

【要求】

　　直拳和蹬腿要銜接快速。右腿側彈對方要重、狠，要擊打風市穴。

20.踹肋蹬腹

雙方對峙站立，我突然身體重心前移，用左拳直擊對方面部；對方用左拳上架格擋防守，致使對方左肋露出空檔，我右腳滑進至左腳位置，左腳離地踹擊對方左肋部；我左腳落地，隨即我再次滑步進

圖 393

入，以左腳彈擊對方腹部（圖 393、394、395、396）。

【要求】

擊面、踹肋、彈腹要變化突然、快速、猛狠、有力。

圖 394

圖 395

圖 396

第三節　掌、指攻防　破解法

1.抓臂搓面

　　對方右掌直擊我胸部，我撤步閃身，右手從下向左、向上摟壓對方右臂；隨即上左步，左手從下向上、向下抓壓對方手臂；順勢右掌直搓對方面部（圖 397、398、399、400）。

【要求】

　　撤步閃身摟手要協調一致，搓面時要狠，掌指稍分開，掌根用力向前搓。

圖 397　　　　　　　　　　　　圖 398

圖 399　　　　　　圖 400

2.插腋扛臂

對方右拳直擊我胸部，我左手從外向上、向下抓拿對方右掌，使之向外、向上擰旋；用右掌直插對方右腋窩；並順勢抓拿其手腕；隨即上右腳身體靠近對方，以右肩頂扛對方的大臂，雙手同時用力向前、向下搬壓（圖 401、402、403、404、405、406）。

圖 401

【要求】

出手快，插掌準，扛臂直。

圖 402

圖 403   圖 404

圖 405

圖 406

3.壓肘斷臂

對方右手用力抓握我胸襟，我右手從下向上抓壓對方右手；同時挺胸右旋切腕，使對方的臂伸直，我左手握拳屈肘從外向上、向下用力斷壓對手的手臂（圖407、408、409）。

【要求】

右手抓握其腕時要快、要壓緊，先挺胸，突然含胸扣握對方右掌外緣，然後用力切腕。

圖 407

圖 408　　　　　　　　　圖 409

4.扭擰壓肘

我左掌抓握對方右手，對方右臂由下向上、向外旋轉解脫，我右拳直打對方胸部，對方右手從外向下、再向上抓握我右手腕，我左腳向前上半步，同時，左手緊按對方右手腕，右拳變掌反切對方的手

圖 410

腕，順勢兩臂屈肘上抬，向下、向右扭擰（圖 410、411、412、413、414）。

圖 411

圖 412

【要求】

反抓對方手腕時要快速有力，反切手腕扭擰手臂要準狠快速。

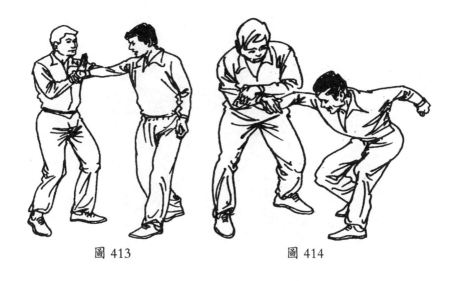

圖 413　　　　　　　　　　圖 414

5.封臂反壓

　　對方右掌直擊我腹部，我右手快速抓握對方手腕；對方左手從下向上、向前反抓按我右手小纏；我屈右肘上抬，順勢左手從卜向上自對方胸前反抱兩手，再含胸反壓（圖 415、416、417、418）。

圖 415

【要求】

　　對方使用小纏時，快速屈臂抬肘，反抱緊壓對方手腕，把對方手腕封鎖住。

圖 416

圖 417   圖 418

6.壓肘踢胸

　　對方右手抓握我左肩，我右手從下向上、向下抓握對方右手背或手腕，順勢向右側身反切；左臂屈肘，從下向上、向下反斷對方肘臂，使對方身體前傾；以右腳勾足尖狠踢對方胸腹部（圖419、420、421、422）。

圖 419

【要求】

　　反抓對方右手要快速，擰身切腕要用力牽直對方手臂。踢腿要快速、突然，力達腳尖。

圖 420

圖 421　　　　　　　　圖 422

7.切腕下壓

對方從前面用右手抓
我頭髮，我雙手從下向上
緊壓對方手背；同時頭向
上抬，再左右搖晃並突然
低頭拱身反切對方手腕
（圖423、424、425）。

【要求】

兩手要緊壓，頂頭，
左右搖晃挫對方腕骨，待
其負痛時，再用力向下、
向後猛切手腕。

圖 423

圖 424

圖 425

8.鎖臂砍頸

對方抓握我雙手，我兩臂稍屈肘，順對方拇指方向外旋；反抓握對方雙臂上抬，並順勢推對方左臂，拉壓右臂，使之交錯；抽出右手成掌猛砍其頸部（圖 426、427、428、429）。

【要求】

我解脫對方雙手須快速用力，順對方拇指一側旋轉，雙鎖對方兩臂須右推、左拉、下壓，夾其臂。

圖 426

圖 427

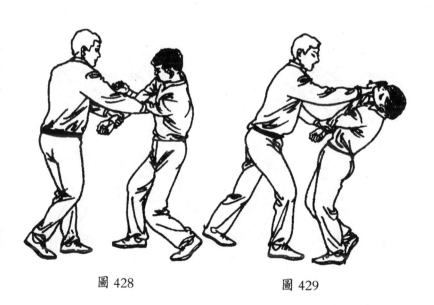

圖 428   圖 429

9.封臂擊喉

對方兩手抓握我雙肩，我兩臂從外向上再向下環抱壓對方兩肘；待對方身體前傾時，我兩掌直擊對方喉部（圖 430、431、432）。

【要求】

我環抱對方兩臂時須用力下壓，出拳擊喉要快速有力。

圖 430

圖 431

圖 432

10.截腕抓臉

對方兩手抓我胸襟，我兩手從下經兩側向上抓按對方雙手並截腕；順勢左臂從上向外、向下、再向右格打對方左臂，右掌直擊對方面部（圖433、434、435）。

【要求】

抓握對方雙手要快壓猛截，左臂格打須用力側身，右掌直撲對手面部，力達掌根。

圖 433

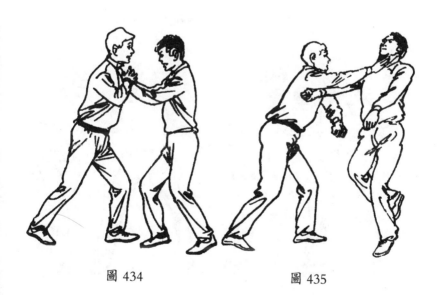

圖 434　　　　　　圖 435

11.擊面頂襠

對方右手抓我腰部衣帶，我左臂用力夾住對方前臂向右轉體；待對方身體被牽動向前移時，我右拳從側向前直貫對方面部，順勢左手向左側抓帶對方右臂；右拳變掌向左、向後猛推其頭部，同時重心前移，右腿屈膝狠撞對方襠部（圖436、437、438、439）。

【要求】

夾臂轉體要協調有力，貫拳撞膝要連貫、快速有力。

12.擊胸撞襠

對方右拳直打我腹部，我向左退步側身，同時雙手順勢向左、向後挪對方右臂；並上右腳，右臂沿對方右大臂向上抬起，左手同時向下按壓；右臂屈肘上抬，並從上向前、向

圖 436　　　　　　　　圖 437

下狠砸對方胸部；右腿屈膝猛撞對方襠部（圖440、441、442、443、444）。

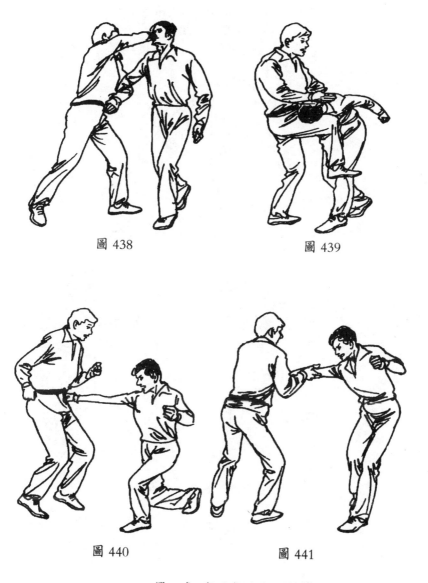

圖 438

圖 439

圖 440

圖 441

圖 442

圖 443

圖 444

【要求】

挪臂、退步、側身須同時完成，砸肘、撞膝須快速有力。

13.別臂鎖臂

對方左拳直打我腹部，我身體稍左轉，同時，右手從下向上橫肘下壓對方手臂；對方右拳橫貫我頭部，我左臂從下向上、向外架格對方右臂；我順勢上右步同時右臂向下、向外格擋；再兩拳變掌，左手抓握對方右手腕向下反壓；我右手屈臂上抬對方右臂，對方突然翻轉，右臂屈肘上步環抱我胸部，左手抓扣我右側腮部，向左搬轉；我左手緊握對方右手腕向外、向下牽張；同時右手從下屈肘向上、向左用力抓壓對方左手；順勢左手上握對方左臂，折身低頭；右手抓握對方右手，使之與其左臂交叉反鎖（圖445、446、447、448、449、

圖 445

圖 446

圖 447

圖 448

圖 449

450、451、452、453）。

【要求】

下壓、上架動作須剛勁有力，反側對方右臂須變換靈活，解脫對方搬腮須緊壓其手，反鎖對方雙臂須快速用力。

圖 450　　　　　　　　圖 451

圖 452　　　　　　　　圖 453

14.抱單腿涮摔

對方從我身後用右拳直擊我後腦,待其近頭時,我突然向我低頭,順勢身體左後轉,左手從下、向上挑格對方右臂;對方左拳橫貫打我頭部,我右臂握拳從下向上、向外架擋;對方收回右拳再直打我腹部,我左臂由外向內、向右下方格擋;對方右腿從下向上橫踢我腰部,我退左腳,身體左轉,兩臂屈肘抓握,兩手向左側拉其右腳,隨即向下、向右上方使對方的腿成弧形擺蕩,使其失去平衡倒地(圖454、455、456、457、458)。

【要求】

抓握對方的腿要準確、牢固,左拉和弧形擺蕩要連貫有力。

圖454　　　　　　　　圖455

圖 456   圖 457

圖 458

15.抱單腿過背摔

對方左拳橫貫我頭部，我向前、向右低頭閃躲；同時後退右腳，右拳變掌從下向上、向左下抓握對方左手腕；對方右拳從後向前橫貫打我頭部，我上右步，右手前推對方左手，左手從下向上屈肘摟架；對方左腿從下向前橫踢我頭部，我身體稍右轉，兩腿稍屈膝下蹲，同時兩臂屈肘握拳從左向右滾動格擋對方左腿；對方右拳、左拳環摟貫打我頭部，我兩拳變掌，左手架擋對方右拳，右手架擋對方左拳；對方右腿從下向前橫踢我腰部，我順勢左手緊抱其腿；對方右拳直打我面部，我向前折身，低頭；順勢右臂插襠上挑；將對方扛於肩上向後摔（圖 459、460、461、462、463、464、465、466、467）。

圖 459

圖 460

圖 461

圖 462

圖 463

圖 464

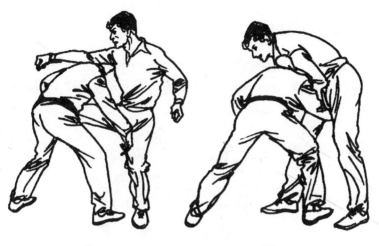

圖 465　　　　　　　　　　圖 466

圖 467

【要求】

反應敏捷，應變及時，接抱對方的腿要準，抓握要牢，轉身要快；低頭弓腰、蹬腿要協調一致。

16.抓臂扇面

對方右掌直插我腹部，我左手從下向外、再向前推拉對方右肘；同時，右手向前抓握其腕向下、向後猛拉；順勢左

圖 468

圖 469

腳上半步，右手向前、向上狠扇對方面部（圖468、469、470、471）。

【要求】

抓臂後拉要迅速，上步扇面要快速完成。

圖 470

圖 471

17.抓臂戳眼

對方右掌平插我腹部，我右手、左手從下向前、向上依次按拉對方右手；順勢左腳向前上半步，右手變二指禪直戳對方雙眼（圖472、473、474）。

【要求】

按拉對方右手須向下、向裡用力牽帶，兩指戳眼須快速用力、準確。

圖 472

圖 473

圖 474

18.擊穴點耳

我右拳直打對方左胸部，對方左手抓握我右小臂；同時用嘴緊咬住我手臂不放；我左拳從下向上橫擊對方太陽穴，再順勢變一指禪直點對方耳後翳風穴（圖475、476、477、478）。

【要求】

用鳳眼拳擊打太陽穴，用食指快速、準確、有力地點翳風穴，迫使對方鬆口。

圖 475

圖 476

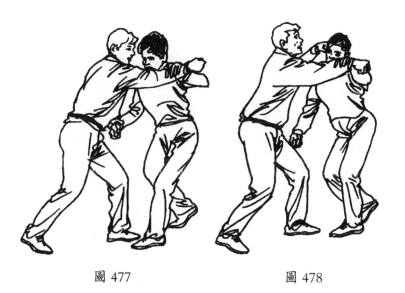

圖 477   圖 478

第 ⬥5⬥ 章

實用拳法組合技術

1.踢襠別臂

對方用右拳直打我胸部，我向後、向右側滑步，左掌抓摟住對方右手腕，用力向下牽帶；順勢重心前移至左腳，以右腳踢對方襠部；待其收腹躲閃我右腿時，我右腿向前落步，同時右拳直打對方面部；並順勢收拳順對方右臂下向上扛抬對方右臂，使其屈肘反捲；我左手用力擰腕上抬，右手扣抓對方右肩；我兩手用力上抬，使對方右臂反卷貼於背上，拱身低頭，我順勢抽出右手變拳，猛擊對方後腦（圖479、480、481、482、483、484、485）。

【要求】

抓得穩，踢得準，打得狠，捲臂快，動作連貫協調。

圖 479

圖 480

圖 481

圖 482

圖 483

圖 484　　　　　　　　　圖 485

2.閉門謝客

　　雙方對峙，對方左、右手分別抓握我雙手腕；我兩手從下向上、向外，順對方大拇指方向旋臂屈肘，內收，上舉，從而擺脫對方雙掌；再迅速從上向前下方猛劈對方左右鎖骨，力達掌緣；並順勢左手抓緊對方右肘，向內牽帶，同時，左腿狠踹對方腰胯（圖486、487、488、489、490）。

　　【要求】

　　兩臂旋臂須向上、向裡用力內收，兩掌砍鎖骨要用爆發力，側踹腿須猛狠。

圖 486

圖 487

圖 488

圖 489

圖 490

3.美女抱瓶

對方右拳直打我腹
部，我右腳向右斜後方
退半步，同時左手從上
向下、向右推托對方右
肘部向後牽帶；順勢左
腳向前半步，右拳從後
向前直打對方面部；右
拳變橫掌上舉至與頭
平，再從上向下狠砍對
方後頸，同時左手猛力

圖 491

向前推托對方肘臂，使之身體左轉；上右腳貼身，右臂屈肘
纏鎖對方脖子，左手變掌抓按對方後腦前壓（圖491、492、

圖 492

圖 493

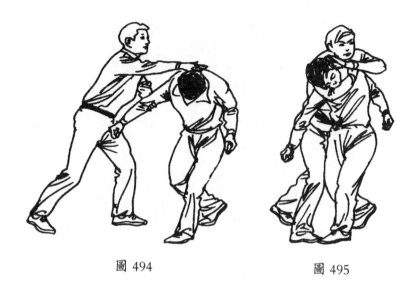

圖 494　　　　　　　　　　圖 495

493、494、495）。

【要求】

　　左手須用力推托和後拉擊拳，砍掌要快速狠準，鎖喉壓頭須夾緊封死。

4.雪花蓋頂

　　對方左腳上半步，右拳直打我腦部，我右手抓握對方右臂向左後方掛帶；對方左拳向我頭部擊來，我用左手抓住對方手腕不放；同時我身體稍左轉，右掌從後向上、向前反手臂擊打對方眼鼻部；對方左拳再向我頭部橫擊，我身體稍右轉，順勢右掌從前向後、向右側後方用掌背掛擋對方；同時左手沿對方前臂向右後勾掛；再順勢猛擊對方頭面部（圖496、497、498、499、500）。

圖 496

圖 497

【要求】

勾掛對方要順勢借力，劈掌擊打眼睛和面部須快速用

圖 498   圖 499

圖 500

力，使對方眼鼻受創。

5.黑虎掏心

對方右拳直打我胃部，我右手托肘向上，從下經前、向上、向內托肘後拉，順勢左手從下向上托對方上臂向右側牽帶；同時身體向右側轉動，右手變拳；再上右腳，右拳從後向前直擊對方胃部，並再次向後擺動；待左手向右側猛推對方右臂時，右拳再從後向前直打對方眼鼻；並順勢用左腿猛踹對方襠部（圖 501、502、503、504、505）。

【要求】

挪手、托肘、推臂要借用對方沖拳向前之勁；擊胃用鳳眼拳，擊眼鼻用螺絲拳，擊打須快速有力。

圖 501

圖 502　　　　　　　　圖 503

圖 504

圖 505

6.火炮沖天

雙方對峙站立，對方左拳直打我腹部；我左腳向右前方繞上半步，同時，左手摟抓對方左手腕向內扭擰回帶；右手成拳猛砸對方左臂；隨即隨勢右拳向前上方直擊對方下頦（圖 506、507、508、509、510）。

圖 506

【要求】

摟抓對方手臂要握緊，斷臂要狠，擊拳要快速、準確。

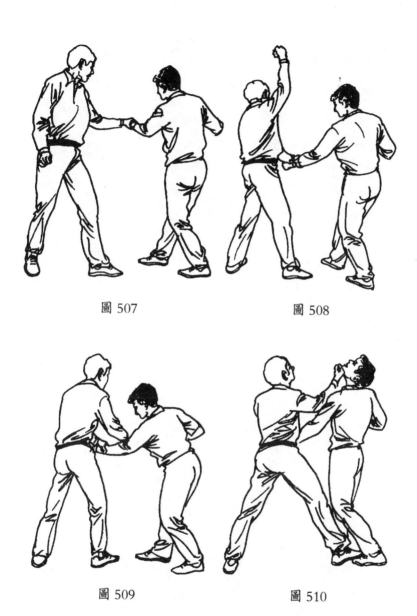

圖 507

圖 508

圖 509

圖 510

7.順手牽羊

雙方對峙，對方右拳猛力直打我腹部，我兩腳稍向左側移步的同時身體稍右轉，兩手順勢抓住對方右臂向我右側突然用力猛拉；右腿順勢勾絆對方雙腿，使之身體前傾；左手由爪變掌，借勢向右推對

圖 511

方背部，右手成掌橫砍對方後腦（圖 511、512、513、514）。

圖 512

圖 513　　　　　　　　　圖 514

【要求】

借對方沖拳之力，兩手抓住對方臂要握緊，順勢向右要猛拉，勾絆推背砍掌須快速、有力。

8.海底撈針

雙方對峙，對方左拳直打我腹部，我身體向右側轉，同時兩拳變掌右上、左下抓住對方手臂，向右側猛力後拉；對方順勢上步，用右掌砍我頸部；我拱身向左側低頭閃躲，順勢左手抱拉對方右腿；以肩部頂靠對方胯部，右手直插其左腿膕窩；向左、向前擰身，同時右手摸膝別臂，使對方後倒（圖515、516、517、518、519）。

【要求】

拱身低頭須突然閃躲，抱腿靠身、擰身別臂須乾淨俐落，快速完成。

圖 515

圖 516

圖 517

圖 518

圖 519

9.峰迴路轉

雙方對峙站立。對方右拳直打我面部，我兩腳向右側稍移動，同時左手從下向上、向外摟手；順勢身體左轉，兩手變拳屈肘向左滾動格擋；對方左拳橫打我後腦，我身體突然向

圖 520

右轉動，雙臂豎肘向右側滾動格擋；順勢以右拳變掌抓握對方右臂向右側牽帶，左肘從上向左平肘猛撞對方胸部；再反臂狠砸對方頭部（圖 520、521、522、523、524、525）。

圖 521

【要求】

雙肘滾動格擋對方來拳須反應敏捷，判斷準確；頂肘、反臂砸要快、狠。

圖 522　　　　　　　　　　圖 523

圖 524　　　　　　　　　　圖 525

10.葉底藏花

對方右拳直打我腹部，我右手、左手依次從下向上、向前下方挪壓對方右手臂；順勢左手抓住對方手腕向內牽帶；右手變拳從下向前上方猛擊對方鼻部；再用右腳狠蹬對方襠部（圖 526、527、528、529、530、531）。

圖 526

【要求】

挪手下壓對方要順勁向後牽帶，擊拳與蹬腳要狠準、快速。

圖 527

圖 528

圖 529

圖 530

圖 531

11. 插襠封喉

對方左拳直打我胸部，我側身上左步，左手從下向上、向左後方抓握對方左臂向後帶；順勢上右步，右拳從下向上、向前橫擊對方頭部；對方拱身低頭，用右拳直打我腹部，我側身收右腳，右拳變掌向下、向外摟推對方右臂；對方右腿從下向上、向裡橫踢我腰背，我退右步左手向左摟抱其腿；右掌從後向前直插對方襠部；順勢變鷹爪拿捏對方喉部（圖 532、533、534、535、536、537、538、539）。

【要求】

插襠動作要快速、準確。插襠變封喉要突然，拿捏喉部須手指內扣用爆發力。

圖 532

圖 533

圖 534　　　　　　　圖 535

圖 536

圖 537

圖 538

圖 539

12.蘇秦背劍

對方右拳直擊我
胸，我右手從下向上
抓托對方手臂；對方
右腿從下向上、向裡
橫擺踢擊我腰部，我
上右腳的同時兩手格
擋封住對方來腿；隨
即上左腳，用右掌撩
擊對方襠部，對方右
手防我撩掌的同時，

圖 540

左掌反抓拿我肩部，我左手抓拿對方左手腕，身體左轉的同
時左手擰手切腕；順勢右手變肘猛斷其臂（圖 540、541、

圖 541

圖 542 　　　　　　　　　　 圖 543

542、543）。

【要求】

抓拿對方手腕要緊，擰手、切腕、斷臂要快、狠。

13.順水推舟

雙方對峙站立，對方左拳橫貫我頭部，我向後稍滑步，右拳從下向上、向外格擋其前臂；對方順勢上步，用右拳橫擊我頭部，我閃身低頭躲開來拳，隨即用右拳直打對方腹部；再變掌抓握對方右手腕向側後牽帶，同時左掌狠砍對方後腦（圖 544、545、546、547、548）。

【要求】

抓握對方手腕要緊，牽帶要化勁順勢，砍掌要快速有力。

圖 544

圖 545　　　　　　　　圖 546

圖 547   圖 548

14.樵夫背柴

對方左掌直向我頭部擊來，我稍向左側移步，同時右手抓握對方左手腕；順勢左手反掌抓住對方左手腕，身體左轉上右腳，右手再換抓抬對方左肘；隨即身體左轉的同時把對方的左臂扛於肩上，用右肩頂靠對方大臂，再繼續左轉拱身，將對方左臂反側向下猛力扳壓，可將其摔地踢頭部（圖549、550、551、552）。

【要求】

抓握對方手腕須抓緊、抓牢，扛臂之前須把對方手臂牽直，扛摔有斷臂之意，須快速。

圖 549

圖 550

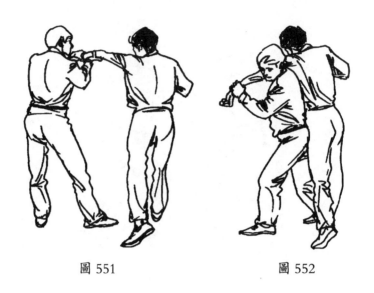

圖 551　　　　　　　　　　　　　　圖 552

15.犀牛望月

　　對方右拳直打我頭
部，我左臂屈肘上架；
對方左手直插我胸部，
我右手直推對方左臂；
左手抓住對方右手腕不
放；然後再上左、右
腳，右臂屈肘，右手經
對方右肘內向上扳壓其
臂，使對方身體後仰，
失去反抗能力（圖
553、554、555、556、557）。

圖 553

圖 554

圖 555

【要求】

扳壓鎖臂要快速、狠猛。

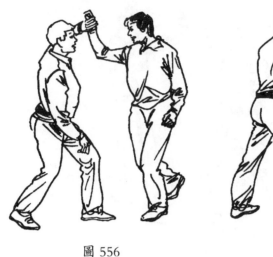

圖 556　　　　　　　　　圖 557

16.仙人摘桃

對方左掌直擊我頭部，我右手向上架其臂；順勢上左腳，左手變鷹爪從下向上、再向前拿起對方左肩；右手推對方左臂，變橫掌斜砍對方左側腰部；再上左步，用右掌直撩擊對方襠部（圖 558、559、560、561）。

圖 558

【要求】

拿腕、抓肩要準確、快速；砍腰、擊襠要有力。

圖 559

圖 560

圖 561

17.迎風撣塵

對方右拳橫貫我頭部，我雙臂握拳，屈肘豎立從右向左隨身體左轉滾動格擋；對方順勢左拳橫貫打我右耳部；我拱身低頭從左向前、向右側閃躲；左腳移步，快速抓住對方左手臂；對方用左腿橫踢我上體；我兩掌封截對方左腿的同時用左腳狠踹對方右腿（圖562、563、564、565、566、567、568）。

圖562

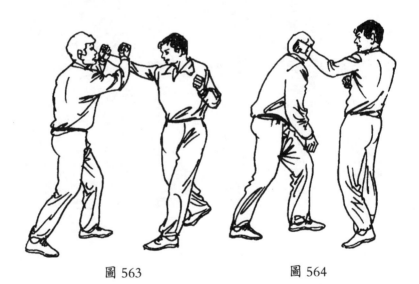

圖563　　　　　圖564

圖 565　　　　　　　　圖 566

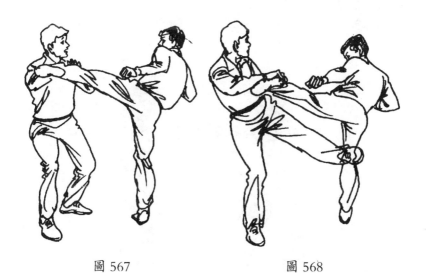

圖 567　　　　　　　　圖 568

【要求】

閃躲須及時，判斷要準確，封腿要快速，踹腿要猛狠。

18.反客爲主

對方左拳直打我腹部，我右手摟推對方來拳，對方順勢用右腿橫踢我腰部，我左手向後、向外摟掛對方小腿；對方右拳橫貫我頭部，我左手抓握對方前臂，同時右手換抓對方左肘；我兩手用力擰推對方，同時用右腳直踹對方襠部，待對方含胸

圖 569

收腹時，右手再抓其右手猛力向右側牽帶，隨即以左掌猛砍對方後腦（圖 569、570、571、572、573）。

圖 570

圖 571

圖 572   圖 573

【要求】

用巧力來化解對方的來拳、來腿；踹腿和砍掌要快速有力。

19.金雞伸腿

對方右拳直打我腹部，我左手抓握對方手腕，並向下、向外摟壓；對方抽回右拳，用左拳撩打我襠部；我右腳稍向後退移，收腹，右手摟壓對方左手腕；對方順勢用右拳橫貫打我頭部，我閃身低頭，對方趁機用右腿猛蹬我胸部，我含胸雙手抱

圖 574

住對方的腳向外扭擰；同時右腳猛蹬對方襠部（圖 574、575、576、577、578）。

圖 575　　　　　　　圖 576

圖 577

圖 578

【要求】

對方拳來須躲閃，腿來須化勁。

第 6 章

臨敵防衛戰術

戰術是指在激烈的實戰時，根據對方複雜的變化，正確分配自己的力量，充分發揮自己的特長，最大限度地限制對手發揮特長而採取的有效策謀行動。

正確戰術的形成與運用，不但對實用拳法者的身體、技術、心理等素質的提升有明顯促進作用，也是決定能否克敵制勝的關鍵。戰術運用得當，會使對手處處被動，運用不得當，不但消耗自己體力，還可能遭致失敗。因此，靈活巧妙的戰術變換，是贏得勝利的根本。

各拳種、各流派都有不同的戰術，但從實戰的取勝效果上看大同小異，下面介紹幾種實用戰術。

1.主動快速，出其不意

臨戰之時，應主動、快速地使用技術方法，打擊對方，壓制對方的意志，牽制對方的行動，迫使對方處於被動位置，以搶先進攻，先發制人。

臨戰之始，首先要從偵察入手，在交手的前幾個回合中，迅速摸清對手的情況，掌握對手在進攻、防守、反攻等方面的特點，以及身體素質、意志品質方面的情況，將這些情況與自己的狀況加以分析，在自己頭腦裡想出適宜的對策，在對手還來不及採取行動之前，就以迅雷不及掩耳之勢，出其不意地主動搶攻。

進攻的動作不但要快，而且要突然，以最快的速度進攻對方有效部位，才能使自己在交手中佔上風。因為在主動、快速攻擊對方時，對方的防守反應往往不及進攻的速度快，應在對方尚未辨別出我進攻意圖時，突然出擊，迫使其防守或躲閃不及，全無招架和還手之力。

拳諺有「先下手為強」、「拳打人不知」的說法。因此，要把優勢力量集中於一點，使打擊行動具有突然性，先發制人，速戰速決。倘若自己的條件、武技不如對手，憑著旺盛的鬥志、拼搏的精神、疾快的速度，仍可反敗為勝。

對手越消極，我越主動，以主動制被動，以進攻克防守，這是臨戰時必須採用的戰術。

2.揚長避短，有的放矢

在實戰中運用戰術要因人而異。要根據雙方的身材大小，個子的高矮，體力的大小來實施技術、戰術。如與高個子交手時，要近身，盡量創造短距離條件，採用「短打長，腳下忙」、「挨肩擠靠擒拿，摔跌頭膝臂肘」綜合使用的戰術。

技術的運用多以近打、近摔動作攻擊對方，以個子矮、身體靈活的條件，施用躲閃勾打、抱腰摔等動作攻擊對方；又如與矮個子交手時，要揚長避短，拳諺說：「一寸長，一寸強。」發揮自己手長、腿長的優勢，避開近距離的打法。

遇到拳法好、出拳凶猛的對手，與其鬥拳，不如鬥腿，以腿進攻；遇到力氣大的對手時，宜閃展騰挪、快速移動，用遠距離踢打動作，盡量束縛對手的進攻動作，盡量避免與對手成抱摔，避免盲目而無效果的攻擊；遇到摔法好的對手，與其抱摔拼搏，不如以迂迴的戰術，避實就虛，驚閃巧取，盡量與對方保持相應的對抗距離，不讓其接近。

這種揚長避短、虛實相濟的戰術，既能彌補自己的弱點，又能克制對方。

3.躲閃進攻，以巧取勝

交手中最忌用硬勁對硬勁，死搏硬打。應以軟接硬，以巧取勝。躲閃是躲開對方的進攻，使其進攻失敗，並疾速反擊對方薄弱環節，化被動為主動。躲閃不是躲而閃之，躲而打之，而是躲中有閃，閃中有躲，是以守為攻的積極進攻之術。拳諺說：「逢閃必進，逢進必閃。」所以無論是左右側躲，還是向下躲，都是閃中必進，閃中有攻。

遇到強手，特別是猛打猛撞的對手，應採取閃躲的方法避其銳氣。利用對手想快速取勝的心理，能退就退，能閃就閃，在躲閃中快、穩、準、狠地打擊對手。

採用這種打法，要有敏銳的眼力，膽大心細，反應快，身法靈活，閃得及時；同時要有敏捷的步法，閃中有攻，打中就退，免遭對手連擊。

由於撤退拉開了兩人的距離，所以更是鬥智慧、鬥機敏的過程。這就要求在緊張中保持清醒的頭腦，在變化莫測的態勢中，採用靈活機動的戰術、巧妙多變的招法，而不是盲目莽撞、硬打死拼。

4.聲東擊西，攻其不備

聲東擊西是在實戰中採用指上打下、指左打右等假動作，以轉移、分散對方的注意力，促使對方對自己的虛假動作產生錯誤反應而改變原來正確的防守姿勢，我則乘隙用招。在使用各種拳法時，一定要虛實結合，佯攻誘打，引實打虛，這樣便於擊中對手，而且可節省體力，使對手精神始終處在緊張狀態而消耗體力。

只有做到了拳（腿）虛、腿（拳）實結合，用虛拳（腿）迷惑和分散對手的注意力，用實拳（腿）擊打，才能取得勝利。

　　聲東擊西的目的，就是使對手顧此失彼，防不勝防。聲東擊西的方法很多，其原則都是同樣的，即將對手注意力吸引到佯攻這一邊來，造成對手疏忽另一邊的防衛，而讓我用實拳對準空隙有力地攻擊。

　　有經驗的拳手往往能擊出一連串包括實拳、實腿在內的虛拳、虛腿，而對方難以分辨我哪一擊是實拳、實腿，哪一擊是虛拳、虛腿。聲東擊西的方法是不能預先規定的，也不能預見可能被擊打的部位，能否聲東擊西成功，只有靠實戰中親身體驗。

5.抓住時機，出奇制勝

　　時機是指在激烈的搏鬥中，把好距離，發現空檔，快速打擊對方的機會。要想掌握好有效的距離和時機，必須要用步法來調節距離，用嫻熟的動作和快速的反應來捕捉戰機。只要感覺到了有效的攻擊長度，就要在瞬間做出快速反應。只要控制好實戰時機，就能創造最佳攻擊機會，從而使對方處於被動挨打的不利地位。

　　要想在搏鬥中抓住時機，首先必須自信。要感到是自己在駕馭局勢，主動權在自身，這樣才能隨機應變，出奇制勝。如果心慌意亂，就無法把握有效時機，繼而失去攻擊效果。同時，準確判斷和把握攻擊的時機也是取勝的關鍵。某種程度上，時機比速度重要得多。對時機把握的好壞，直接關係到攻防的成敗。

6.連招快打，以速制勝

連招快打是經嚴格訓練而形成的特技，它以連續出擊拳或拳腳併用來對付善打防守反擊的對手。一般是左右開弓，上下結合，手腳結合，以速制勝。距離近用肘頂膝撞，貼身靠打、快摔；距離遠用拳打腳踢，由於連招快打是各種技術方法的組合，所以它環環相扣，招招相連，拳腳快如密雨，一擊到底。

拳諺說：「不招不架，只是一下，若犯招架，就有十下。」選用連招組合要結合彼我特點，有的放矢，不能亂打一通。打不著要害部位等於白費體力，還易遭到對方反攻襲打。運用連招組合快打，要求有較全面的技術和良好的身體素質，做到出拳起腿快密如雨，招招相連，擊中要害。

以上所述，只是簡單介紹了幾種戰術原則，供練習者參考，在實戰中一定要根據自身的技術特點、身體素質和心理素質及不同對手的具體情況來制訂不同的戰術方案。

在搏鬥中，情況是多變的，不要死守教規，應隨機應變、靈活運用戰略戰術，經由實戰，總結成功、失敗的經驗教訓，才能掌握成功之道。

後　記

　　遇歹徒自衛防身，徒手搏鬥，要求自衛者能以快捷的速度和巧妙的技法，迅速制伏對方，這正是實用拳法的價值。

　　在日常生活中，難免會遭遇不法之徒侵擾，如果我們掌握了一些防身拳、踢法等，就能處變不驚，轉危為安。

　　為了使廣大的讀者掌握防身自衛本領，我編寫了這本書，主要向讀者介紹實用性較強的幾十種自衛反擊技術和用法及有關的戰術運用。

　　本書圖文並茂，易學，易練，易於掌握，實用性強。平時練習能強身健體，遇有不測，可防身自衛。

　　我衷心希望讀者閱讀此書後，能對實用技術產生興趣，從中受益。同時由於著書時間緊迫和水平有限，本書不足之處，望能得到廣大讀者指正。

　　此書在著述過程中，得到了鄒德發老師的幫助和指導，在此表示感謝！

作者

太極武術教學光碟

 太極功夫扇
五十二式太極扇
演示：李德印 等
(2VCD)中國

 夕陽美太極功夫扇
五十六式太極扇
演示：李德印 等
(2VCD)中國

陳氏太極拳及其技擊法
演示：馬虹(10VCD)中國
陳氏太極拳勁道釋秘
拆拳講勁
演示：馬虹(8DVD)中國
推手技巧及功力訓練
演示：馬虹(4VCD)中國

陳氏太極拳新架一路
演示：陳正雷(1DVD)中國
陳氏太極拳新架二路
演示：陳正雷(1DVD)中國
陳氏太極拳老架一路
演示：陳正雷(1DVD)中國
陳氏太極拳老架二路
演示：陳正雷(1DVD)中國
陳氏太極推手
演示：陳正雷(1DVD)中國
陳氏太極單刀・雙刀
演示：陳正雷(1DVD)中國

 **郭林新氣功**
(8DVD)中國

本公司還有其他武術光碟
歡迎來電詢問或至網站查詢
電話：02-28236031
網址：www.dah-jaan.com.tw

原版教學光碟

歡迎至本公司購買書籍

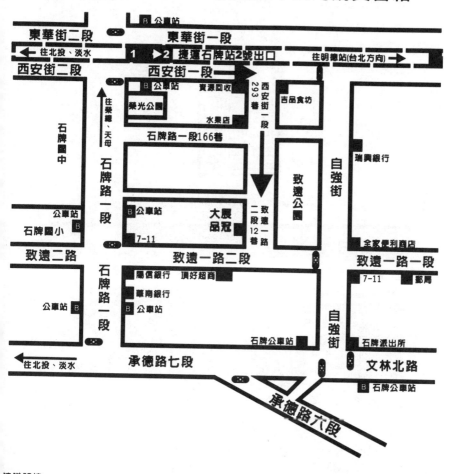

建議路線

1. 搭乘捷運·公車

　　淡水線石牌站下車，由石牌捷運站2號出口出站(出站後靠右邊)，沿著捷運高架往台北方向走(往明德站方向)，其街名為西安街，約走100公尺(勿超過紅綠燈)，由西安街一段293巷進來(巷口有一公車站牌，站名為自強街口)，本公司位於致遠公園對面。搭公車者請於石牌站(石牌派出所)下車，走進自強街，遇致遠路口左轉，右手邊第一條巷子即為本社位置。

2. 自行開車或騎車

　　由承德路接石牌路，看到陽信銀行右轉，此條即為致遠一路二段，在遇到自強街(紅綠燈)前的巷子(致遠公園)左轉，即可看到本公司招牌。

國家圖書館出版品預行編目資料

實用自衛拳法／溫佐惠 編著
－初版－臺北市，大展，2002【民91】
面；21公分－（實用武術技擊；1）
ISBN 978-957-468-128-0（平裝）
1. 拳術
528.97   91002080

【版權所有・翻印必究】

實用自衛拳法

編 著 者／溫佐惠
插　　 圖／雷咏石
責任編輯／洪宛平
發 行 人／蔡森明
出 版 者／大展出版社有限公司
社　　 址／台北市北投區（石牌）致遠一路2段12巷1號
電　　 話／(02) 28236031・28236033・28233123
傳　　 真／(02) 28272069
郵政劃撥／01669551
網　　 址／www.dah-jaan.com.tw
E - m a i l／service@dah-jaan.com.tw
登 記 證／局版臺業字第2171號
承 印 者／傳興印刷有限公司
裝　　 訂／丞安裝訂有限公司
排 版 者／弘益電腦排版有限公司
授 權 者／北京人民體育出版社
初版1刷／2002年（民91年）4月
初版2刷／2009年（民98年）2月   定價／250元

●本書若有破損、缺頁敬請寄回本社更換●

大展好書　好書大展
品嘗好書　冠群可期

大展好書　好書大展

品嘗好書　冠群可期